CAS ANNOTES DE COACHING SYSTEMIQUE D'ORGANISATIONS

ALAIN CARDON MCC

COLLECTION COACHING SYSTEMIQUE

Du même auteur

Français

- L'Analyse Transactionnelle, Alain Cardon, (avec Vincent Lenhardt et Pierre Nicolas) Editions d'Organisation, Paris, 1979
- Jeux Pédagogiques et Analyse Transactionnelle, Alain Cardon, Ed. d'Organisation, Paris, 1981
- Vocabulaire d'Analyse Transactionnelle, Alain Cardon (avec Laurent Mermet), Ed. d'Organisation, Paris, 1982
- Les Concepts Clés d'Analyse Transactionnelle, Alain Cardon, (avec Laurent Mermet et Annick Thiriet-Tailhardat), Ed. d'Organisation, Paris,1993
- Le Manager et son Equipe, Alain Cardon, Ed. d'Organisation, Paris, 1986
- Mieux vivre avec l'Analyse Transactionnelle, Alain Cardon, (avec V. Lenhardt et P. Nicolas) Editions Eyrolles, 2005
- Profils d'Equipe et Cultures d'Entreprise, Alain Cardon, Ed. d'Organisation, Paris, 1992
- Décider en Equipe, Alain Cardon, Ed. d'Organisation, Paris, 1993
- Jeux de Manipulation Alain Cardon, Ed. d'Organisation, Paris, 1995
- Pour changer, Alain Cardon, (avec J-M Bailleux), Ed. d'Organisation, Paris, 1998
- Le Coaching d'Equipes, Alain Cardon, Ed. d'Organisation, Paris, 2003
- Leadership de Transition, Alain Cardon, Ed. d'Organisation, Paris 2004
- Comment Devenir Coach, Alain Cardon, Editions Eyrolles, 2008
- Dictionnaire Commenté du Coaching, Alain Cardon, Editions Eyrolles, 2009
- L'Art Véritable du Maître Coach, Alain Cardon, InterEdition, 2011
- Cas Annotés de Coaching Systémique d'Organisations, Alain cardon, Amazon Books, 2020.
- Les micro-compétences de coaching systémique, au quotidien, Alain Cardon, Kindle & Amazon books, 2020
- Les paradoxes du coaching systémique, Alain Cardon Amazon & Kindle Books, 2020
- Perspectives quantiques en coaching systémique, Alain Cardon Amazon & Kindle Books, 2020
- Stratégies de management, de coaching, et jeux de manipulation, Alain Cardon Amazon & Kindle Books, 2021
- Le coaching systémique d'équipe et d'organisations, Alain Cardon, Amazon et Kindle, 2021
- Questions puissantes et coaching systémique, Alain Cardon, Alain Cardon Amazon & Kindle Books, 2021

Roumain

- Analiza Transactionala Alain Cardon, (avec V.Lenhardt et P.Nicolas,) BMI Publishing, TOPBOOKS, Bucarest, 2002
- Jocurile Manipulari, Alain Cardon BMI Publishing, TOPBOOKS, Bucarest, 2002 BMI Publishing, TOPBOOKS, Bucarest, Bucarest, 2006
- Cum Poti deveni Coach, Alain Cardon, BMI Publishing, TOPBOOKS, Bucarest, 2008

- Dictionar de Coaching, Alain Cardon, BMI Publishing, TOPBOOKS, Bucarest, 2011
- Adevarata Arta a Unui Master Coach, Alain Cardon, BMI Publishing, TOPBOOKS, Bucarest, 2012
- Coaching Pentru Echipele de Directori, Alain Cardon, BMI Publishing, TOPBOOKS, Bucarest, Bucarest 2003.

Espagnol
- Coaching de Equipos, Alain Cardon, (traduction Espagnole) Gestion 2000, 2005
- Perspectivas quantités en el coaching sistemico, Alain Cardon Amazon & Kindle Books, 2020
- Coaching sistemico de equipos y organisationes, Alain Cardon, Amazon & Kindle Books, 2020
- Juegos de manipulación y coaching sistémico, Alain Cardon, Amazon & Kindle Books, 2020
- El verdadero arte del master coach, Alain Cardon, Amazon & Kindle Books, 2020
- Preguntas Poderosas en coaching sistémico, Alain Cardon, Amazon & Kindle Books, 2022

Anglais

- Masterful systemic coaching, Alain Cardon, Kindle Books, 2014. Amazon Books 2020
- Systemic team and Organizational coaching, Alain Cardon, Amazon & Kindle Books, 2020
- Quantum perspectives in systemic coaching, Alain cardon, Kindle & Amazon Books, 2020
- Winning and losing games coaches and clients Play, Alain Cardon, Amazon & Kindle Books, 2020
- Systemic coaching powerful questions, Amazon & Kindle Books, 2020
- Paradoxes in systemic coaching and change management, Amazon & Kindle Books, 2020
- Organizational Cultures and team development, Alain Cardon, Amazon and Kindle Books, 2020

Italien
- Profili d'Equipe e Culture d'Imprese, Alain Cardon - Franco Angeli, Milano, 1993
- La Vera Arte del Master Coach, Alain Cardon, Kindle & Amazon Books, 2020
- Coaching sistemico e prospettive quantistiche, Alain Cardon, Kindle & Amazon Books, 2020
- Le micro competenze des coach sistemico nel quotidiano, Alain Cardon, Kindle & Amazon Books, 2023

TABLE DES MATIERES

Du même auteur	2
TABLE DES MATIERES	4
AVANT PROPOS	7
INTRODUCTION	12
L'Approche par cas	14
CAS 1 : Le risque psychosocial	19
LES PREMIERS CONTACTS	26
Stratégie de coach systémique : ne pas vendre !	26
CAS 2 : Qu'en est-il de la vente du coaching ?	27
CAS 3 : La mise en subordination du recruté	29
Cas 3 bis : Accepter une relation d'exclusivité ?	32
CAS 4 Une Négociation tripartite	33
LES PREMIERS RENDEZ-VOUS	39
Le coaching systémique ne se vend pas	42
CAS 5 : Les objectifs de moyens	43
CAS 6 : Comment challenger l'interlocuteur	49
CAS 7 : Un coaching d'out-placement	56
LE COACHING SYSTEMIQUE INDIVIDUEL	59
CAS 8 : Un « flash coaching »	65
CAS 9 : Le coaching court	69
CAS 10 : L'espace du coaching	74
CAS 11 : Un coaching individuel stratégique	77

Cas 12 (suite) : Un déménagement fractal	82
CAS 13 : Une prise de poste en quatre sessions	85
CAS 13 bis : Une prise de poste en quatre sessions	89
CAS 14 : Un rendez-vous presque raté	91
QUELQUES CAS ETHIQUES	**96**
CAS 15 : Le démarrage de réunions	96
Cas 16 : Mieux s'entendre entre nous	100
CAS 17 : Indicateurs de comportements éthiques	102
CAS 18 : Harcèlements collectifs	105
CAS 19 : Les indicateurs de fuites	108
COACHING SYSTÉMIQUE D'ÉQUIPES ET D'ORGANISATIONS	**111**
Cas 20 : Coaching de groupe transversal	111
La résolution du syndrome de l'imposteur	117
CAS 21 : Le pilotage d'un changement en entreprise	119
Le paradoxe du pilotage du changement	121
CAS 22 : Disposition de salle en coaching d'équipe	126
CAS 23 : Coaching d'équipe en système réseau	128
CAS 24 : Organisation en transition imposée	131
CAS 25 : Une acquisition en cheval de Troie	140
Le pilotage du non changement	143
UN COACHING D'ORGANISATION	**150**
CAS 26 : L'accompagnement de grands groupes	150
Le premier jour	154
1ère session plénière	154
Deuxième Session Plénière	161
Deuxièmes Consignes	165
Le deuxième jour	167

Conclusions	171
ANNEXE I	174
CONDITIONS DE REUSSITE POUR UN COACHING D'ORGANISATION	174
Première croyance à remettre en question	176
Constats sur l'histoire de la conduite du changement	178
Une stratégie systémique en trois étapes	180
ANNEXE II	185
L'APPROCHE SYSTEME	185
La prise en compte des paradoxes	186
BIBLIOGRAPHIE	199

AVANT PROPOS

Certains cas présentés dans cet ouvrage ont déjà fait l'objet d'articles sur le site www.metasysteme-coaching.fr, www.metasysteme-coaching.eu, sur des pages « Alain Cardon MCC » sur Linkedin et autres réseaux sociaux et au sein d'autres ouvrages sur le coaching. Même si ces textes sont généralement revus, voire réécrits ici dans l'esprit de cet ouvrage, je prie mes lecteurs assidus de pardonner cette redondance occasionnelle. L'objet ici est de regrouper des textes qui illustrent bien le coaching systémique et de procéder par exemple

Un peu d'historique : Mon premier livre sur l'approche système remonte au « Manager et son équipe » publié en 1986 par les Editions d'Organisations. Si mon cadre de référence de début de carrière et jusque là était fortement marqué par l'Analyse Transactionnelle, c'est à l'époque et bien avant de devenir coach, que j'ai amorcé un grand virage professionnel et personnel vers un univers que je trouvais bien plus inclusif, celui de l'approche système, faite de complexité et d'émergence.

A l'époque, les écrits qui existaient sur le sujet étaient surtout théoriques, généralistes pour beaucoup, quelquefois très techniques. Je citerai trois auteurs qui m'avaient bien inspirés, Fritjof Capra, Gary Zukav et David Peat. Ceux qui m'ont le plus marqué pour le côté pratique en systèmes humains étaient des précurseurs italiens en thérapie familiale : Mara Selvini Palazzoli, dont « Histoire d'une recherche », ESF, 1987. Comme j'aimais leur approche expérimentale, et comme je n'avais rien trouvé de bien pratique concernant l'approche système appliquée aux équipes et entreprises, je me suis lancé de façon très pragmatique dans ma propre expérimentation sur le terrain, avec mes clients. J'ai aussi eu à cette époque une rencontre significative, celle de Jacques Antoine Malarewicz, thérapeute familial qui se tournait vers l'accompagnement d'équipes et d'entreprises. Pendant quelques années à Transformation, il nous a accompagnés en tant qu'équipe, supervisés en tant que consultants, et aidés à titre plus personnel et familial. Merci Jacques-Antoine.

Ces livres et cette rencontre m'ont aidé à mieux concevoir le métier de consultant systémique que peu à peu j'avais adopté. Ils m'ont aussi aidé à faire l'ordre dans ma vie personnelle et dans mes autres métiers, celui d'entrepreneur de Transformation SA et autres sociétés affiliées, et celui de manager de cette équipe. L'essentiel de mon développement systémique professionnel s'est fait et au sein de ces sociétés et sur le terrain en travaillant de plus en plus au cœur d'équipes constituées, avec hiérarchie.

- **NOTE** : Formateur à mes débuts, je m'étais déjà rendu compte, un peu par hasard, que lorsque les participants d'une formation venaient tous ensemble en tant que système réel, c'est-à-dire en équipe avec leur patron, les enseignements de formation étaient appliqués de façon bien bien plus mesurable dès leur retour de stage.

De nature pragmatique, j'en ai fait un axe stratégique : Lorsque des professionnels venaient apprendre en équipe, je les invitais à décider tout de suite et ensemble de ce qu'ils voulaient appliquer dès leur retour dans leur entreprise. Ils en préparaient le suivi jusqu'à l'atteinte des résultats. De plus, par la suite, ils me rappelaient pour effectuer soit des approfondissements en équipe, soit des suivis d'équipe sur le long terme. Ainsi, depuis la fin des années 80, j'ai accompagné des centaines d'équipes et entreprises, quelques-unes à de nombreux niveaux, à l'international, et pendant des dizaines d'années.

- **NOTE** : L'équipe, comme ensemble collectif cohérent, avec sa hiérarchie, est un bien meilleur vecteur de formation que chacun de ses membres pris séparément, à qui on enseignerait le même contenu.

A partir de là, lorsque je formais des formateurs sur une pédagogie plus active, c'était en équipe avec leur responsable de service de formation, lorsque je formais des commerciaux à la vente, c'était par secteur commercial avec leur chef de secteur, ou alors par région avec leur régional. Lorsque je formais des managers, c'était par entité géographique ou opérationnelle, par usine, par filiale ou par département, toujours avec leur leader. Cette stratégie s'est avérée très efficace, et l'ensemble de l'équipe des formateurs de Transformation SA s'est engouffré dans cette approche de consultant systémique.

Bien entendu, alors que ces premiers clients attendaient de nos interventions de ces actions de développement d'équipe un apport significatif ou mesurable en communication, en efficacité, en vente ou en management, nous nous sommes peu à peu rendu compte, que l'axe principal de progression concernait souvent leurs processus clés ou interfaces systémiques. Pour nous, la dimension opérationnelle de leur secteur d'activité devenait de plus en plus accessible.

Que nous œuvrions en milieu minier, pharmaceutique, hospitalier, d'exportation de vins bordelais, d'association à but non lucratif, de fabrication de moteurs d'avions ou de mairie provinciale, notre travail devenait de moins en moins centré sur des apports théoriques, de plus en plus sur une orchestration de leur développement systémique, de leur cohérence efficace, leurs interfaces clés en tant que système professionnel.

- **NOTE** : Très tôt, nous avons appelé ces accompagnements des interventions de « développement d'équipe », et non pas de cohésion d'équipe. Nous ne connaissions pas encore le coaching. L'approche émergea quelque dix ans plus tard.

Notre attention s'est ainsi portée sur la compréhension et la modification des processus opérationnels de nos équipes clientes, afin de les aider à en développer d'autres, plus qualitatifs, plus rapides, plus rentables, plus motivants. Lors de ces périodes d'expérimentation avec nos clients nous avons toujours confirmé que lorsqu'ils obtenaient de meilleurs résultats, leurs relations, leur motivation, leur engagement, leur esprit d'initiative, leur capacité d'innovation, leur respect réciproque et plaisir de travailler ensemble s'en trouvaient largement améliorés.

- **NOTE** : Au sein d'équipes et d'organisations, la qualité des résultats et des relations croissent ensemble ou pas du tout ! C'était pour nous devenu une évidence. Une équipe de gagnants s'entend toujours bien mieux qu'un ensemble qui privilégie de bonnes relations tout en restant moyennement performant.

Sur le terrain, nous avons aussi porté une grande attention à adapter et développer des stratégies pédagogiques actives qui permettaient de peaufiner notre approche systémique. D'une part cette pédagogie systémique aidait nos équipes clientes à prendre conscience et mesurer leurs processus positifs et leurs limites, à se développer jusqu'à atteindre leurs résultats. D'autre part elle leur servait à roder ensemble de nouvelles stratégies bien plus efficaces. Longtemps, nous avons expérimenté diverses approches analogiques par le biais d'exercices pédagogiques, toujours exploités de façon systémique, en salle et en outdoors à dix, vingt, quarante... quatre-vingt participants simultanément.

Au fil de nos expérimentations sur le terrain, avec nos clients, nous avons peu à peu rendu cette approche pédagogique systémique plus simple, plus légère, et plus performante comme les résultats de nos clients pouvaient en témoigner. Un grand merci à tous ces clients qui nous ont fait confiance !

- **NOTE** : Aujourd'hui, notre pédagogie principale repose sur l'accompagnement systémique de réunions d'équipes, pouvant aller jusqu'à l'orchestration de 90 participants, en grande salle de bal, tous travaillant en équipes réelles, et tous menant leurs propres réunions centrées sur la réalisation de leurs ambitions collectives.

Depuis, Transformation SA est devenue le réseau Métasystème SAS. Notre approche de développement d'équipe en accompagnement de réunions de façon totalement déléguée s'est affinée, notre réputation de consultants performants s'est affirmée.

- **NOTE** : Par conséquent en 2002, lors de notre rencontre avec l'international Coach Federation, le virage vers le coaching et le coaching d'équipe semblait n'être qu'une formalité.

En 2003, la parution du livre « Le coaching d'équipe » aux Editions Eyrolles amorça l'écriture d'une série d'ouvrages plus centrés sur la pratique du coaching systémique individuel, d'équipe et d'organisation, jusqu'au dernier, « L'art véritable du maître coach », paru en 2015 chez InterEditions. Par la suite, toute une collection de livres sur le coaching systémique fut publié sur Amazon Books. Aujourd'hui encore, cette collection s'étoffe de façon régulière.

En 2007, j'ai en partie renoué avec mon ancien métier de formateur pour concevoir et animer des formations aux « Fondamentaux du coaching systémique » et au coaching systémique d'équipe - la formation « METACOACH » qui enseignent, en communautés apprenantes, la base de mon expérience, la posture et les compétences du coaching systémique.

INTRODUCTION

Ce livre est principalement structuré autour de cas de coaching. Il concerne plus particulièrement la pratique du métier de coach systémique. Il vaut mieux tout de suite souligner que le coaching systémique est une façon particulière, voire encore expérimentale , d'envisager et de pratiquer le métier de coach. Ceux qui ne connaissent pas ou peu pourraient être surpris par le cadre de référence du coaching systémique en général, et par certains propos dans les pages qui suivent, en particulier.

Par exemple, un coach systémique pratique ses compétences de coach dès les premiers instants de toutes ses relations professionnelles, voire personnelles, dont celles qui a priori pourraient être perçues comme accessoires, mais qui pourraient aboutir à une relation plus formelle de coaching.

- **NOTE** : Cela vaut tout particulièrement pour des possibilités de contrats de coaching initiés par le biais d'un prescripteur, d'un intermédiaire, d'un acheteur, d'un commercial, d'un ami ou d'une simple connaissance.

L'approche système en général, et la pratique du coaching systémique dont il est question ici peuvent être considérés comme bien plus inclusifs dans le temps de relations longues, et dans l'espace étendu du réseau d'interactions ou d'interfaces de chaque client. Le sujet à accompagner n'est pas que le client final, la cible ou le « coaché », mais tout son univers personnel et professionnel, et ses potentialités. C'est cet ensemble qui fait l'objet de l'entière attention, de la posture et des compétences stratégiques du coach systémique.

- **ATTENTION** : Précisons tout de suite que le coaching systémique n'est pas un simple équivalent du coaching au sein de systèmes comme des équipes, des familles ou des organisations. C'est un cadre de référence de coaching qui s'applique à toute constellation de relations, dont simultanément, celles entretenues avec soi-même, à deux, en famille, en équipe, ou plus.

Considérant ce cadre de référence systémique très largement inclusif, certaines situations décrites ci-dessous et certains commentaires ou conclusions théoriques pourraient remettre en question bon nombre d'idées habituellement reçues sur le coaching.

Par ailleurs, puisque les cas, par définition, sont réels, ils ne représentent que la pratique des coachs qui les ont vécus, en situation authentique. Dans leur pratique, ces coachs ont tenu compte de leur intuition, de leur instinct, de leurs réflexes, de leur formation systémique, de leur expérience, de leur contexte, de leur histoire, de leur perception immédiate, etc. Il serait impossible de détailler tous ces facteurs, au cas par cas.

- **NOTE** : Il est à souligner que hors contextes intellectuels, un cas réel n'est pas une démonstration de la pratique d'une méthode ou d'une théorie. Un cas réel est une séquence illustrative de la réalité aléatoire et imprévisible d'une pratique sur le terrain.

En effet, dès qu'il s'agit de pratique, c'est à dire de savoir-faire, les généralisations théoriques sont souvent illusoires. La réalité émergente des impératifs professionnels prennent rapidement le dessus sur toute théorie, conceptualisation ou formalisation généralisatrice. En approche système, cette réalité peut intégrer tout l'univers partagé entre le client et le coach, et cet univers mérite d'être le plus inclusif possible.

Comme chaque client en coaching est unique, comme chaque coach a son style particulier, comme chaque situation est totalement originale, toute relation de coaching appelle le coach et le client à s'adapter à leur relation spécifique, originale au point d'être unique.   Par conséquent, dans la réalité quotidienne du coach systémique, ce n'est pas la théorie qui prime, mais le cas particulier, la situation vécue, la personne en face, le contexte immédiat comme l'environnement bien plus large... Dès lors que, comme ci-dessous, nous abordons le métier par la présentation de cas, ce pragmatisme prend le dessus, la théorie est remisée au placard.

- **NOTE** : A suivre ce raisonnement jusqu'au bout et n'en déplaise aux hommes de marketing qui ciblent des coachs débutants, s'il n'existe pas deux relations de coaching similaires, il n'existe pas plus de marché de coaching.

En effet, un coach systémique n'est pas l'équivalent d'un croissant pur beurre qui doit d'abord bien définir sa niche pour bien se vendre à un segment d'une masse. Le coaching systémique n'est pas un service de grande ou petite consommation. A chaque fois, le coaching est une relation unique ! Et si chaque relation de coaching est foncièrement spécifique aux personnes concernées, aux moments de leurs expériences communes, aux lieux de leurs rencontres, aux contextes qu'ils ont vécus et vivent par ailleurs, etc. comment parler de marché, voire de segment de marché du coaching ? Ce serait l'équivalent que d'envisager un marché de couples, voire un marché de mariés, un marché de célibataires en recherche de leur âme sœur, un marché de relations spirituelles, etc. Lorsque cela se fait, ça permet beaucoup de dérapages. Lorsqu'il est posé en commodité de masse, le coaching n'en est malheureusement pas protégé.

- Par conséquent, comme pour les couples et autre relations totalement personnelles, avec une approche systémique, il y aurait autant de marchés de coaching que de relations spécifiques dans le métier. C'est d'ailleurs la raison pour laquelle la pratique de ce métier impose un devoir de confidentialité.

Et, il y a bien d'autres raisons d'aborder le coaching systémique, voire le coaching en général, par la présentation de cas.

L'Approche par cas

Une des définitions de l'approche système précise qu'il s'agit d'une démarche qui épouse la complexité. L'approche système est même quelquefois appelée le management de la complexité. Cela repose sur plusieurs principes.

Premièrement, la dimension systémique considère que chaque personne ou individu est un être totalement original, bien sûr de par sa personnalité ou sa façon d'être, mais aussi par son histoire, ses relations, les décisions d'action qu'elle choisit de mettre en œuvre ou pas, l'idée qu'elle se fait de son avenir, etc. La liste est longue voire sans fin. Non seulement chaque personne est unique, mais cette originalité est encore plus flagrante si l'on considère l'ensemble des interfaces qu'elle entretient avec l'environnement proche et plus lointain, dont chaque caractéristique est singulière. Par conséquent, il est évident que chaque client en coaching systémique doit être considéré comme totalement original. Dans ce contexte, la présentation de cas réels, jamais reproductibles, est particulièrement appropriée.

- **NOTE** : Il est tout à fait possible de tirer d'innombrables conclusions théoriques sur l'approche système suite à la présentation d'un seul cas. En tant que tranche de réel, le récit d'un cas se prête facilement à l'analyse systémique ou en PNL, ou en Analyse Transactionnelles, ou en approche de Jung, ou astrologique, etc.

La « vraie » réalité du cas n'est pas là pour se défendre, alors les théoriciens peuvent se lâcher. Ce qui est d'ailleurs une excellent façon de les débusquer. Mais sachez qu'en aucun cas ces conclusions théoriques ne pourraient être généralisées et appliquées à un autre cas ou une autre situation même apparemment analogue. Dans la réalité, c'est le praticien qui triomphe, avec ses compétences et bien sûr ses limites.

En effet, une des descriptions totalement paradoxales de la pratique du coaching systémique consiste à affirmer et sérieusement appliquer une démarche qui repose sur l'accueil de dynamiques émergentes. D'ailleurs, la même chose est dite et répétée concernant le simple coaching. Il s'agit bien d'une définition de la pratique du métier de coach dans son ensemble.

Que la pratique du métier repose sur l'accueil de l'émergent, en relation avec l'univers du client a des conséquences non négligeables.

- Les phénomènes émergents sont par nature imprévisibles. Par conséquent, toutes les tentatives de rendre prévisibles les résultats d'un coaching sont vouées à l'échec.
- En conséquence et par définition, toute démarche de systématisation théorique - hors cette dimension émergente - serait contradictoire, paradoxale, voire stérile, sauf pour échafauder une théorie non valide ailleurs.
- Dans ce sens, il est nécessaire d'affirmer que toute velléité de prévisibilité ou de contrôle sur les résultats d'un coaching réel serait totalement contre-productive.

Ce n'est pas un hasard si une théorie systémique fondée sur l'accueil de l'émergent soit totalement paradoxale : en effet, comment théoriser l'imprévisible ? Comment avoir une méthode, des outils, des concepts, des stratégies, voire n'importe quelle formalisation... de l'aléatoire ?

> • **RAPPEL** : Si le coach est responsable du « *bien accompagner* » son client pendant que ce dernier œuvre à l'atteinte de ses résultats, le coach n'est nullement responsable ni du client, ni de son atteinte de résultats.

Cette définition « en creux » du coaching en général, du coaching systémique en particulier, stipule que le coach n'est ni un psychologue centré sur la personnalité du client, ni un consultant centré sur l'atteinte de son résultat.

> • **NOTE** : Cette définition en creux propose de chercher ailleurs, afin de trouver une réponse inclusive sur ce que serait le coaching.

Pour être systémique, elle se doit d'inclure la dynamique entre les trois pôles : parmi lesquels le coach, le client et son résultat, bien, entendu.

> • **NOTE** : L'approche système repose sur l'éclatement des approches conceptuelles simplificatrices souvent clivantes - « Tu es coach-psy ou coach-conseil ? » - afin de favoriser l'accueil de la complexité intrinsèque d'ensembles considérés comme totalement intriqués.

Mais cette définition est difficile à saisir « en plein ». Si le coach ne se centre ni sur le client ni sur son résultat, que diable fait-il ?

> • **NOTE** : La réponse consiste à envisager que le coach se centre, sans jugement, en bonne posture, etc., sur la qualité du cheminement du client pendant qu'il œuvre à atteindre son résultat souhaité.

Par conséquent, pour être un coach systémique efficace, il est utile de reposer sa pratique sur l'accueil systématique de l'originalité, l'imprévisibilité de chaque situation. Par conséquent de surtout ne pas s'enfermer dans des schémas théoriques réducteurs. Ceci est si vrai que le coach systémique en fait une théorie.

Aussi, à la lecture de chaque cas présenté au fil de cet ouvrage, nous proposerons au lecteur nos conclusions partielles voire partiales, sachant pertinemment que dans le contenu, ces conclusions ne pourront pas s'appliquer à d'autres situations réelles, dont par définition, la complexité sera totalement différente.

- **NOTE**: Par conséquent, il est évident que ce livre ne propose pas de solutions. Il n'a d'objet que de provoquer de la réflexion.

Les seules conclusions possibles suite à l'observation et le récit d'un cas sont celles qui concernent un éventuel inventaire d'options, sachant qu'elles restent toutes totalement hypothétiques. Pour chaque cas, nous proposons au lecteur de considérer la situation décrite comme une opportunité d'élargir son cadre de référence vers encore plus d'options que celles envisagées dans cet ouvrage. Nous l'invitons à imaginer de nouvelles démarches au sein de territoires imaginaires qui lui sont encore inconnus, éventuellement un peu similaires à d'autres, mais jamais identiques.

- **NOTE** : Il n'existe pas deux relations similaires pour le coach systémique, et c'est justement cela qui est prévisible. Si la démarche d'un coach systémique est surtout de ne rien prévoir, il est paradoxalement utile d' apprendre à s'y préparer.

Bien évidemment considérant ces prémisses, ce livre n'a pas non plus la prétention de proposer un cadre théorique linéaire, structuré et cohérent. Si ce texte repose sur une succession de présentations de cas, ceux-ci révèlent bien souvent que la réalité quotidienne est surtout faite de variété inattendue, de dynamiques en spirale, d'intuitions par vagues, de créativité spontanée, de contradictions cohérentes, voire de paradoxes impertinents.

Par conséquent lors d'un cas réel, les modes opératoires ou règles collectivement élaborées pour préciser la formation au métier de coach ou le corpus de connaissances plus ou moins acceptées par la communauté de professionnels, sont régulièrement ignorées voire évitées.

- **EXEMPLE :** (Politiquement incorrect) De nombreuses associations de coachs et d'écoles de coaching soutiennent qu'il est nécessaire sinon indispensable d'établir un contrat explicite, quelquefois tripartite, avec un client au début de chaque relation d'accompagnement.

Cela est vrai en général et en théorie. Il existe toutefois de nombreux cas où le contrat n'est précisé qu'au beau milieu d'un accompagnement démarré en urgence, voire tout à la fin de la relation de coaching, bien après la réalisation des résultats espérés, jamais explicités. Dans ce type de situation, il y a certes des risques, mais entre adultes, un coach systémique sait bien les gérer.

Par conséquent, la lecture de ce livre sera probablement décevante pour celui qui serait à la recherche de certitudes théoriques ou techniques, de modes opératoires infaillibles, de vérités tonitruantes. A chaque conclusion ou généralisation que nous pourrions être tenté de tirer à partir d'un cas particulier, un autre cas pourra nous mener à des conclusions diamétralement opposées.

Une **deuxième** précision concerne la dimension systémique ici pratiquée, dont la théorie sera un peu évoquée au fil du texte et en annexe: Il est possible de saisir de nombreuses caractéristiques d'un grand ensemble telle une organisation à but commercial lorsque l'on en observe la forme d'une de ses infimes parties, par exemple d'une réunion de vente. Pour un systémicien, l'univers est observable dans la matière d'un grain de sable et dans le temps d'un an, d'un mois, d'une heure, ou au sein d'une minute. L'oreille pour un acupuncteur reflète pareillement l'ensemble du corps auquel elle appartient. De même pour le pied examiné par un podologue, ou pour l'œil en iridologie. Mais cela n'est que dans l'espace. La même chose est vraie dans le temps :

- **Note** : Pareillement, l'étude du fonctionnement d'une équipe sur un projet permet de savoir beaucoup de choses sur le fonctionnement d'une entreprise sur une année. Tout comme l'étude d'un entretien d'embauche en dit long sur le déroulement des relations internes de la même organisation. Encore comme l'étude d'une réunion familiale peut clairement refléter sa constellation historique, etc.

Pour un praticien de l'approche systémique, la réalité quotidienne peut être observée avec un cadre de référence fractal, holographique, viral, biologique, voire quantique.[1]

- **RAPPEL** : Cet ouvrage n'a pas l'ambition de présenter beaucoup plus de théorie systémique appliquée ni au coaching ni aux organisations, sauf par bribes, en rappels, en clins d'œil. Il ne concerne que la pratique sur le terrain.

---

[1] Voir Perspectives quantiques en coaching systémique, Alain Cardon Amazon & Kindle Books, 2020

Pour en savoir plus de façon plus formelle, nous renvoyons le lecteur à des ouvrages de référence et à des articles du même auteur écrits par ailleurs, voire à une formation approfondie à la pratique systémique, en tant que coach ou autre. Une fois de plus, il ne s'agit ici que d'études de cas, qui nous l'espérons, serviront à réveiller votre curiosité.

Dans ce sens, de nombreux cas présentés en première partie de ce texte concernent un élément clé de la pratique du coach systémique: la relation commerciale en amont du coaching proprement dit avec le client final ou désigné. En effet, comme évoqué ci-dessus l'essentiel de tout ce qui peut se révéler ou émerger au cours d'un accompagnement est déjà présent dans la forme de la négociation de cette relation initiale. Pour un coach systémique, le germe de la relation de coaching, ses premières minutes ou la négociation de vente, laissent entrevoir tout ce qui va suivre, quelquefois jusqu'à la qualité des résultats possibles. Dans une perspective vraiment systémique, il est souvent possible d'affirmer que l'ensemble est déjà joué avant même que le coaching proprement dit ne démarre.

- **NOTE** : La phase commerciale et de négociation d'un contrat de coaching est tellement riche d'enseignements qu'elle procure d'innombrables informations sur le contexte du client, son équipe, son entreprise, leurs enjeux partagés, et surtout sur leurs résultats escomptés.

Les premiers pas d'une relation illustrent, comme autant de séquences fractales, le tout de ce qui pourrait suivre. Il s'ensuit que le coach systémique accorde une grande attention aux premier rendez-vous avec des intermédiaires, RHs, acheteurs, ou clients. Pour illustrer, évoquons tout de suite un cas :

CAS 1 : Le risque psychosocial

Un responsable hiérarchique d'une branche opérationnelle d'une grande entreprise française du secteur équipementier reçoit un coach pour lui demander d'accompagner des personnes en difficulté d'adaptation professionnelle, au point d'en vivre un profond mal-être personnel. Au cours de la discussion, il apparaît clairement qu'il s'agit de personnes jugées et cataloguées comme émotionnellement fragiles, présentant tous les signes de risques dits psycho-sociaux. Ici, une façon pudique de parler de risques suicidaires.

Au cours d'une discussion serrée, le coach systémique tente de négocier un processus d'accompagnement qui comprendrait la possibilité d'interviewer les responsables hiérarchiques ou d'autres personnes pertinentes dans l'entourage de ces personnes en difficulté.

Chez son interlocuteur responsable de la division, le coach perçoit tout de suite une résistance assez forte. Selon ce cadre de haut niveau, les hiérarchiques sont généralement très pris et n'auront pas beaucoup de temps à lui accorder. De plus, l'entourage des clients désignés n'a pas à être impliqué dans l'accompagnement de ces difficultés personnelles jugées comme confidentielles. Le cadre insiste même sur un accompagnement qui serait mené hors contexte professionnel, et plus clairement hors des murs de l'entreprise.

- **NOTE** : Pas à un paradoxe près, afin d'aider des personnes à mieux s'intégrer dans leur vie professionnelle en interne, il est nécessaire de le faire dehors de l'entreprise !

« Comme il s'agit d'accompagner ces personnes perçues comme fragiles pour les aider à mieux vivre leur contexte professionnel... » le coach systémique demande s'il serait occasionnellement possible de mener quelques entretiens de coaching dans un bureau au sein même de l'entreprise. Juste pour être dans le contexte de difficulté, et mieux percevoir ce dont il s'agit. Il constate que la réponse négative est rapide et catégorique : En quoi cela peut-il être utile ? Il est évident qu'il vaut mieux que cela se fasse hors des locaux habituels. Etc.

- **NOTE** : Le contenu précis des demandes ou propositions du coach n'est pas le plus important. Ce qui importe, c'est que toutes ses propositions, voire ses questionnements soient refusés sans que leur sens soit creusé. La relation est clairement unilatérale, relativement directive.

Les quelques autres requêtes du coach sont a priori considérées comme irrecevables, de façon catégorique voire disqualifiante. Le coach est traité comme s'il proposait des options absolument inopérantes, comme s'il était à priori incompétent.

Le coach ressent rapidement que ses points de vue, sa différence, ses réflexions comptent pour bien peu de chose. Il perçoit que la relation proposée n'est réellement ni équitable ni paritaire. Il prend un peu de champ et devient silencieux.

Le responsable cadre garde la parole et commence à vanter l'importance de l'entreprise, tant par sa taille que par sa présence sur le marché. Il insiste sur la légendaire carotte : que le volume d'affaires pour le coach pourrait être très important, si toutefois ils s'accordaient sur le processus, et surtout sur les tarifs du coach. Il souligne qu'un contrat avec cette grosse entreprise serait une référence valorisante pour la carrière du coach.

En menant tout seul la fin de l'entretien vers sa conclusion, le cadre propose au coach de faire une offre vraiment concurrentielle, sachant que le service achats consulte de nombreux fournisseurs et qu'il fera un choix très sélectif. Ensuite et de façon assez abrupte, prétextant un autre rendez-vous urgent, le cadre abrège la discussion en demandant au coach d'envoyer une proposition écrite, en urgence.

- **NOTE** : Ce rendez-vous en dit long sur la culture relativement harcelante de l'entreprise.

En sortant de l'entretien, le coach sent subitement toute la pression et prends plus de recul. Il a le sentiment qu'il doit se plier à toutes les exigences de son prospect qui n'a d'intérêt que de lui dicter l'ensemble des conditions dans lesquelles se feraient les accompagnements. Le coach a le choix entre se plier à toutes ces exigences ou ne pas avoir de contrat. C'est ça ou rien.

Le coach fait et envoie une proposition écrite. Sans grande surprise, il reçoit un appel téléphonique pour lui demander de revoir ses tarifs à la baisse s'il veut avoir une chance d'être reçu.

- **NOTE** : Pour un coach systémique la relation établie par le représentant d'une entreprise avec un coach externe, comme avec tout autre fournisseur, illustre la qualité des relations internes à l'organisation cliente.

Comme pour une personne, les processus externes d'un système ne sont que projection de ce qui se fait en interne. Dans la situation décrite ci-dessus, le coach doit accepter toutes les conditions dictées par le cadre, sans parler de la forme disqualifiante de la relation. Soit il accepte de travailler à un tarif plancher, soit il ne sera pas retenu. La qualité de cette proposition de relation présente toutes les caractéristiques d'une relation de dominant à dominé, œuvrant à mettre le coach en situation de soumission. Le coach est clairement témoin de la mise en place des prémisses d'une relation de harcèlement.

> • **NOTE** : Paradoxe : De fait, ce cadre supérieur illustre avec le coach la qualité des relations internes à l'origine des dysfonctionnements psychosociaux que justement ce fournisseur de services doit tenter de réparer par des accompagnements de coaching.

Paradoxalement, comment le coach peut-il accepter, en position de soumission, la pression et toutes les contraintes, pour accompagner des personnes désignées comme des « risques psycho-sociaux » ? La situation est relativement cocasse : il lui est proposé de faire partie du problème, de le subir en se pliant à toutes les demandes unilatérales, afin de pouvoir le résoudre pour des personnes qui subissent le même type de relation face à la hiérarchie.

Bien entendu dans le cas ci-dessus, l'écart de cadre de référence entre les deux partenaires en négociation n'a pas facilité la suite de la collaboration. Cet écart révélait aussi le fond du problème de la culture de l'entreprise cliente en position de quasi monopole, pour ses fournisseurs comme pour ses employés.

Selon les dires des cadres, ce qui faisait désordre, c'était les salariés qui se sentaient harcelés, et non leurs managers qui harcelaient. Or c'est ces derniers qui avaient massivement besoin de coaching si ce n'est leur encadrement supérieur. La culture de management de l'entreprise, dans le pouvoir et la domination, était clairement illustrée par le cadre acheteur de coaching.

Par conséquent, le paradoxe de la négociation commerciale pour un coach systémique est de savoir assez rapidement :

- S'il est possible d'établir une relation paritaire, c'est à dire un partenariat ou une relation non subordonnée, afin de pouvoir accompagner le client organisationnel vers la découverte de nouvelles solutions, au sein d'un contexte qui pourrait évoluer.
- Ou si comme dans ce premier cas, il lui est d'abord tout simplement demandé de s'inscrire dans le contexte organisationnel qui justement ne permet pas de résoudre le problème qui lui est demandé de d'accompagner : ici l'illustration claire du contexte disqualifiant et de pression qui crée les risques psycho-sociaux.

Pour rendre ce paradoxe commercial encore plus difficile à vivre, il est surtout ressenti par de jeunes coachs qui n'ont encore ni la confiance personnelle ni les reins suffisamment solides pour résister à ce type de relation de pouvoir. En effet, le novice en coaching peut ressentir l'obligation de se soumettre à une situation paradoxale pour survivre, et ceci exactement comme le font les salariés harcelés !

- **NOTE** : Afin de développer leur chiffre d'affaire encore trop léger et d'élargir leur portefeuille client, beaucoup de coachs en fragilité se sentent presque obligés d'accepter des relations contractuelles déséquilibrées.

S'ils ne les acceptent pas, ils sont en situation précaire, et s'ils les acceptent, ils ne font que valider des contextes collectifs que justement ils souhaitent œuvrer à modifier. Cette dernière finalité est en tous les cas le propos du coaching systémique.

Ce livre aborde surtout ce qui peut être communément appelé le coaching en entreprise, individuel, d'équipe et d'organisations. Pour bien faire, il nous sera aussi utile de définir ce que nous entendons par coaching d'équipe et coaching d'organisations.

- **NOTE** : De façon équivalente, la posture et les compétences du coach systémique concerné, le coaching systémique d'une personne, d'une équipe ou d'une organisation s'adressent tous à l'ensemble du système client.

Ce client individuel ou collectif est considéré comme une entité unique, cohérente, intelligente, capable de se développer, etc. Qu'il s'agisse d'une personne cliente, d'une équipe ou d'une organisation, il s'agit toujours du même type de coaching, des mêmes compétences de coach, de la même posture de coach !

Par conséquent, le coaching d'équipe et d'organisation n'est pas simplement, et tour à tour, le coaching individuel de chaque membre de l'ensemble client. C'est un accompagnement de l'ensemble considéré comme un tout.

- **NOTE** : De la même façon, des soins accordés à une personne souhaitant se développer ou se soigner ne sont pas des soins appliqués tour à tour à chaque organe voire à chaque cellule qui présente des symptômes. Une personne est un ensemble client.

Cette spécificité de la pratique systémique est autrement compréhensive et inclusive que ce que l'on observe dans certaines conceptions plus restreintes du métier de coach.

- Enfin, ce livre présentera occasionnellement, des réflexions sur un certain nombre de paradoxes propres au métier de coach, voire les paradoxes du management, ou encore des paradoxes propres à de nombreuses organisations humaines.

En somme, même si ce n'est que cas par cas, cet ouvrage propose une compréhension particulière du métier de coach. Il s'agit d'un positionnement inclusif du coaching, qui engloberait l'ensemble du contexte social ou organisationnel dans la pratique du métier.

Même lorsque l'on accompagne une personne, nous pouvons le faire de sorte qu'elle puisse avoir un impact sur le contexte social et professionnel qui l'entoure. Ainsi l'accompagnement d'une personne peut se concevoir comme l'accompagnement d'un agent de changement, qui peut par son évolution oeuvrer à transformer son environnement.

- **NOTE** : Tout client de coach systémique peut être considéré comme un levier de changement, potentiellement capable d'amorcer la transformation de son environnement proche, de son manager, de son équipe ou de sa famille, et par extension de l'organisation, voire de l'ensemble de l'environnement personnel et professionnel qui l'entoure.

Cette logique peut provoquer d'une part quelques modifications importantes dans la pratique du métier de coach, d'autre part quelques remises en question sur comment ce métier peut mieux servir la transformation de nos entreprises clientes comme celle de segments plus conséquents de la société plus large.

En conclusion de cette introduction, rappelons qu'une des caractéristiques de la réalité quotidienne illustrée par la structure de cet ouvrage est qu'elle ne suit pas de logique progressive ou linéaire. La progression de ce livre colle un peu plus aux méandres, aux surprises, à l'exploration offerte par notre réalité quotidienne. En effet, à moins qu'une personne ou une entreprise ne s'impose des priorités, de l'ordre, une structure centralisée ou hiérarchisée, un but soumis à un impératif financier immédiat, etc. la nature reprend rapidement ses droits, avec sa cohérence systémique à elle, souvent un peu plus durable.

C'est ainsi que la complexité du monde d'aujourd'hui se trouve souvent aux antipodes de nos théories académiques, de nos démarches de projets, de nos innovations programmées, de nos procédures de développement, toutes bien trop linéaires et bien trop structurées pour accueillir le vivant. La « vraie » réalité quotidienne du coach systémique est plutôt faite de déséquilibres innovants, d'imprévus opportuns, d'aléatoire inventifs, de chaos restructurants... dont surgit régulièrement ce que nous appelons des phénomènes émergents. C'est l'entropie créative.

- **NOTE** : Par conséquent, ce livre propose au lecteur de se laisser surprendre par les méandres que prendra un texte fait de cas, de réflexions ouvertes, de contradictions, de surprises conceptuelles et de confrontations inattendues.

- **NOTE** : Paradoxalement, soutenir que l'approche système ne repose pas sur un ensemble théorique serait aussi simpliste.

L'approche système est tout simplement une théorie de la complexité qui elle même est échafaudée dans sa complexité. Elle tente de proposer des formes et des processus là où d'autres ne perçoivent que du chaos, des obligations, des routines acceptables voire des compromissions. Elle tente d'intégrer les phénomènes émergents structurés là où d'autres ne perçoivent que le hasard, de l'aléatoire ou de l'imprévisible, ou pire: une réalité mortifère à laquelle il faut se plier ou contre laquelle il faut résister.

L'approche système se veut inclusive, c'est à dire qu'elle pose un regard qui élimine les frontières, là ou d'autres spécialistes jaloux de leur territoires cherchent plutôt à imposer des limites pour segmenter des terrains contrôlables, selon leur cohérences à eux.

LES PREMIERS CONTACTS

Stratégie de coach systémique : ne pas vendre !

Si les cas qui suivent reprennent le contexte d'un premier rendez-vous commercial, le contexte classique de recrutement peut être perçu comme assez similaire. Il concerne souvent, d'une part une entreprise qui recrute ou choisit, d'autre part un candidat qui cherche un emploi ou propose ses services. Ce contexte est habituellement fort proche de celui de la vente, avec d'un côté un prospect ou client qui décide d'acheter ou pas, de l'autre un vendeur qui cherche à vendre un service ou produit.

Le cadre de référence de ces deux relations se ressemblent souvent sur un certain nombre de points.

- Les candidats à l'emploi et vendeurs sont considérés comme demandeurs alors que les recruteurs et acheteurs se positionnent comme des décideurs dans un processus de sélection.

- Il s'ensuit que les deux premiers doivent séduire ou vanter les avantages de leurs services ou produits, alors que les deux derniers se vivent en position d'évaluation critique, de discernement sélectif, sinon de jugement.

- Dans ces deux relations, les vendeurs et candidats à l'emploi se sentent bien souvent sous la pression de devoir faire une bonne démonstration, foncièrement en position basse dans l'équilibre de pouvoir, alors que leurs acheteurs ou recruteurs jouent de la position haute, questionnant, testant, exigeant moult preuves et témoignages.

Bien entendu, ce contexte quelque peu déséquilibré dépend largement de la qualité du marché du travail ou des produits en question. Il repose principalement sur la perception partagée, réelle ou fictive, que l'employeur peut choisir parmi des milliers de candidats, l'acheteur parmi autant de producteurs ou fournisseurs.

Même si cette caricature de relation d'achat et de vente est relativement courante, la réalité est bien souvent un peu plus subtile. Le marché est quelquefois un marché d'employés plutôt que d'employeurs, de fournisseurs plutôt que d'acheteurs. Cette réalité se manifeste lorsque les employeurs ne trouvent plus les profils, les compétences ou le niveau d'engagement professionnel qu'ils recherchent.

- Cela se produit lorsque pour des jeunes bien diplômés ou à haute valeur ajoutée, ces entreprises manquent cruellement d'attractivité dans leur réputation de management à l'ancienne... pour utiliser un euphémisme malheureusement trop courant.

Cette réalité devient aussi inquiétante lorsque les acheteurs souhaitent acquérir, sans en avoir les moyens, des services ou produits dont le niveau de qualité devient indispensable pour leur réussite ou survie à moyen et long terme. En effet, plus un fournisseur est performant et innovant, plus il devient indispensable, et moins un acheteur peut s'en passer.

Par conséquent, dans ces conditions tout aussi habituelles, une autre réalité plus équilibrée s'impose : autant que l'acheteur, le fournisseur peut choisir ses clients. Autant que l'employeur, le candidat à l'emploi sélectionne son entreprise.

CAS 2 : Qu'en est-il de la vente du coaching ?

Lors d'une première réunion avec un DRH, un coach participe à un entretien relativement équilibré. Les deux se présentent rapidement, le DRH expose ses enjeux et objectifs, le coach pose des questions de précision puis présente le processus qui selon lui, permettra d'atteindre les résultats souhaités. L'échange semble arriver à une bonne conclusion : les deux perçoivent qu'ils peuvent s'entendre. Pour conclure cependant, le DRH informe le coach que leur processus de choix n'est pas terminé, car ils comptent consulter encore plusieurs autres coachs avant de décider.

_« Rien de plus normal », réponds alors le coach systémique. Il ajoute dans la foulée que le processus de choix est réciproque, que ce qui est important pour lui lors de ses rendez-vous avec de nouvelles entreprises, c'est d'évaluer la capacité de l'organisation de bien savoir clarifier les objectifs, de bien savoir s'engager en fonction des résultats qu'elle souhaite accomplir, et de bien savoir établir des relations de confiance avec ses partenaires, externes comme internes. Lorsque certains de ces critères manquent, dit-il ensuite, il vaut mieux, ensemble, décider de ne perdre ni son temps, ni son argent.

- **NOTE** : Sans vouloir préjuger des motivations des uns et des autres, le commentaire du coach est significatif sur sa forme. Alors que l'ensemble du rendez-vous se déroulait sur un pied d'égalité, la dernière remarque du DRH pouvait laisser entendre que le choix de travailler ensemble ne se faisait que de son côté.

S'il optait pour ce coach, il était peut être entendu que le coach suivrait, heureux d'avoir décroché un contrat. Dans ce cadre de référence, il est fort possible qu'il en résulterait une relation déséquilibrée.

De fait, si le commentaire du client souligne de façon transparente l'existence d'un processus de choix normal, la réponse du coach fait aussi passer un message tout aussi transparent : qu'il se poursuive ou pas, le partenariat coach-client repose sur une relation entre égaux. A tout moment, chacun fait ses choix. A tout moment, il est important que chacun tienne compte de l'autre en respectant sa position, son approche, sa compétence. Cela suppose une position de réciprocité au sein d'une collaboration paritaire.

- **NOTE** : Il est ici utile de se rappeler quelques définitions concernant la relation de coaching systémique, voire de coaching tout court.

Elle est sensée être une relation de partenariat, c'est à dire respectueuse dans la réciprocité. Aucun des deux partenaires n'a de pouvoir sur l'autre. Ni le coach, ni l'entreprise cliente, ni un de ses représentants. Ils ont tous chacun autant "besoin" de l'autre. Tout au long de leur relation de collaboration paritaire, les deux doivent savoir s'ajuster, s'aligner, se mettre au diapason ou en harmonie presque musicale afin de pouvoir avancer ou produire ensemble. Cela est vrai dans l'ensemble des relations entre un coach et son entreprise cliente, c'est à dire avec toutes les personnes qu'il est à même de rencontrer : acheteur, prescripteur, n+1, collaborateurs, assistants, etc. Comme avec le bénéficiaire final qui profitera du service d'accompagnement.

- Souvent dans la culture RH, le cadre de référence dominant est celui qui sous-tend la relation de recrutement. Dans ce contexte général, le recruteur considère que le candidat est en position de demandeur. Il veut être choisi sur un marché d'emploi en forte concurrence, sur lequel il est en position de faiblesse.

Malheureusement, ce cadre de référence est souvent inversé. Même en recrutement, si le candidat est très compétent ou dans un environnement où les candidats sont rares, il est beaucoup plus en position de choisir son employeur.

Par conséquent, une présence attentive à la qualité intrinsèque de toutes les interactions internes à un système est riche d'enseignements sur la culture réelle de la culture interne de l'ensemble client. Le processus de choix qui est mis en oeuvre dans la sélection d'un coach en dit souvent long sur comment l'entreprise prospectée sélectionne ses employés et ses fournisseurs, sur comment elle traite ses salariés, dont très probablement le client désigné que le coach est prévu d'accompagner.

CAS 3 : La mise en subordination du recruté

En conclusion d'un autre entretien relativement équilibré en termes de collaboration équitable avec un employé des RH, acheteur de services de coaching, ce dernier commença à conclure en annonçant que « quand même » le tarif du coach était bien trop élevé. Poussant son argument un peu plus loin, il annonça que si le coach acceptait un tarif plus raisonnable il pourrait bénéficier d'un contrat important qui pourrait assurer l'essentiel de son revenu comme de son avenir.

- **NOTE** : Ici la position haute tardivement manifestée par l'acheteur révèle bien son cadre de référence de position dominante.

C'est le cadre de référence de l'acheteur ancienne école : Après avoir laissé entendre que l'on est d'accord sur le fond, il faut négocier sur les prix de manière forte. Le coach fournisseur de services doit faire des concessions pour entrer dans la boutique; il est aux abois et n'a pas d'autres choix ; il cherche la sécurité à long terme, et pour ce faire, il doit être prêt à baisser ses prétentions. Bien entendu, la proverbiale carotte qui consiste à faire miroiter un gros contrat peut servir d'appât à peu de frais.

De fait, si le coach accepte de revoir ses tarifs à la baisse, le client sait qu'il a affaire à un subordonné qui saura bien rester à sa place. La position de l'acheteur est la même que lorsqu'un recruteur conclut en disant « on vous fera signe d'ici un mois si vous êtes retenu ». Ce devrait' être la sonnette d'alarme pour tout jeune en recherche d'emploi. A moins de vouloir vendre son âme, il vaut mieux aller chercher ailleurs ! Il ne s'agit pas ici de relation de collaboration mais de subordination et de contrôle !

Heureusement, pour le candidat à l'emploi moderne, l'attitude condescendante du recruteur sert souvent de stimulant, sauf bien sûr pour les passifs, les soumis ou incompétents qui attendront le bon vouloir de l'employeur. Comme quoi c'est souvent plus par leur processus relationnel que les entreprises finissent par recruter les profils dociles qu'ils recherchent et méritent.

- **NOTE** : Une fois de plus, lors des premières relations avec une entreprise il est relativement clair pour un coach systémique que la forme de la négociation illustre clairement le cadre de référence culturel du système client.

En approche système, chaque interaction, chaque clarification, chaque question et réponse est une fractale d'un ensemble plus large, qui mérite toute l'attention du coach. C'est une opportunité de diagnostic. Intuitivement cela est de même pour un candidat à l'emploi.

Il est souvent dit que dans la relation de vente, les premières minutes déterminent souvent le résultat d'une heure de négociation. C'est vrai aussi pour la conclusion. Pour un coach systémique, ces premières et dernières minutes illustrent très clairement à quelle entreprise il a affaire. A lui ensuite de réagir intelligemment, de partir chercher ailleurs, de rééquilibrer la relation avec une réponse appropriée, etc. Le coach comme le candidat à l'emploi choisit son avenir !

- Si le client est très pressé, cela reflète peut-être une culture de management dans l'urgence ou dans la gestion de crises successives.
- Si le client est demandeur de nombreuses explications, de détails pointilleux concernant l'approche du coach, cela reflète peut-être une culture de contrôle, de peu de délégation.

- Si le client débat longuement du type d'approche du coach comparée aux autres méthodes, plutôt que des objectifs, serait-ce une culture conceptuelle ou intellectuelle ?
- Si le client veut passer des heures à bien connaitre le coach autour de cafés et repas pris en commun et avec d'autres collaborateurs, cela peut illustrer une culture relationnelle ou tout le monde doit être longuement consulté avant de prendre une décision.
- Etc.

Lorsqu'un partenariat se dessine de façon franche et équilibrée, la suite peut être légère et efficace. Dans les cas contraires, il vaut mieux être très attentif aux détails des interactions, de la forme de l'interaction. Dans certains cas, il est fortement conseillé d'établir des accords précis en couchant par écrit chaque accord concernant chaque clause contractuelle. Le diable se cache dans ces détails, c'est bien connu.

- **NOTE** : Afin d'offrir une option de réponse systémique au cas cité ci-dessus, le coach répondit à la demande de rabais à sa façon.

Il répondit au client que l'offre d'un gros contrat assurant un travail très conséquent voire une sécurité à long terme en échange d'un rabais était relativement paradoxale. Il ajouta que dans le métier de coach, voire pour tout vrai professionnel indépendant, il était important de ne pas trop travailler pour un même client - pas plus de dix pour-cent de son temps de facturation - au risque de perdre la distance nécessaire permettant d'offrir un service de qualité.

Il expliqua aussi que son rôle de fournisseur externe reposait sur une liberté d'esprit facilitée par une juste distance ; que c'était pour ce regard stratégique que ses clients le recherchaient et l'appréciaient. Par conséquent, dès qu'un client commençait à être trop présent ou à trop l'occuper, il haussait ses tarifs pour rétablir un peu d'équilibre dans son emploi du temps.

- **NOTE** : En effet, c'est un bon équilibre d'activité distribué entre de nombreux clients qui participe à rendre un coach indépendant plus libre dans son rôle, donc plus compétent.

Par conséquent, ce coach ne comprenait pas pourquoi une masse de travail plus conséquente justifiait un tarif horaire plus bas. En somme l'offre de l'acheteur signifiait en filigrane que plus de dépendance et de soumission justifiaient d'être moins payé. Pour ce coach, bien au contraire la relation se devait d'être équilibrée.

Cas 3 bis : Accepter une relation d'exclusivité ?

Lors d'une situation relativement similaire, un PDG d'une entreprise de services fit appel à un coach reconnu pour ses accompagnements performants. Après une discussion sur divers types d'objectifs et de résultats, le patron dit au coach que s'il travaillait avec son entreprise ce serait en exclusivité relative, c'est à dire en ne travaillant pas avec ses concurrents dans le même secteur d'activité.

Le coach dit immédiatement que ça pourrait être possible si cet accord était réciproque. Face au regard questionnant du client, le coach précisa qu'il serait d'accord si l'entreprise ne ferait appel à aucun autre coach ou consultant externe dans le même domaine : le travail en équipe et la culture de management.

Là, le problème fut immédiatement posé. Le client envisageait clairement que le coach pourrait être contraint à une relation d'exclusivité, mais pas dans une réciprocité paritaire. Le client n'avait pas du tout prévu que le coach demande une réciprocité aussi contraignante, toute proportion gardée.

- **NOTE:** Dans une symbolique systémique, la notion d'exclusivité s'applique par exemple au mariage, dans sa forme juridique et religieuse. Cette exclusivité n'est jamais contractualisée comme applicable dans un seul sens.

En effet, le simple fait de proposer une exclusivité à sens unique en dit long sur l'état d'esprit ou le cadre de référence de celui qui propose. « Tu dépendra que de moi, mais moi je reste libre. » Gêné par la réaction confrontante du coach, le client ne voulait quand même pas perdre de sa liberté. Il accepta de ne pas insister sur sa clause d'exclusivité. Le coach put donc travailler avec qui bon lui semblait, tout en respectant la confidentialité de chaque client.

La suite de cette relation d'accompagnement, ne fut toutefois pas des plus performantes. Le client et son entreprise ont pu rapidement repérer plusieurs axes de changements utiles, à la fois dans des domaines opérationnels et stratégiques. Leur volonté de mise en oeuvre n'était toutefois pas au rendez-vous. De report en report, ils réussirent à temporiser tout changement significatif. En coaching individuel comme collectif, ils réussissent à ne rien faire... jusqu'à se dire que finalement l'accompagnement par un coach ne leur était pas si utile.

- Une hypothèse qui reste à confirmer: La relation d'exclusivité proposée par le prospect ci-dessus n'est pas gage de son niveau d'engagement dans une relation de performance, bien au contraire !

Une relation d'exclusivité peut surtout servir à s'assurer que le coach ou autre fournisseur ne puisse pas servir les concurrents. Cela sert donc à s'assurer que les concurrents ne prennent pas les moyens d'évoluer même si nous ne faisons rien pour évoluer, ou que l'ensemble de notre marché ne se mette pas sur une trajectoire de performance.

Cela équivaut à l'établissement d'un monopole sur le marché. Si une personne peut tenir le marché par des arrangements légaux et autres accords plus officieux, il n'aura jamais besoin de devenir performant. La qualité du marché dans son ensemble risque d'en pâtir à long terme. C'est la raison même pour laquelle les relations de monopole sont évitées sur un marché libre.

CAS 4 Une Négociation tripartite

Depuis trois ans, une start-up à haut potentiel dans le domaine des services informatiques est managée par un directeur général. Cet opérationnel très qualifié dirige l'activité de son mieux malgré les interventions intempestives et relativement régulières du fondateur et actionnaire principal de l'entreprise qui cherche à prendre son envol.

Le propriétaire majoritaire très engagé donne ses avis de façon impulsive sur tous les détails de la gestion quotidienne de l'organization, en court-circuitant les effort du directeur général plus structurant. Bien entendu, ces impulsions régulières et spontanées sèment le trouble dans l'ensemble des opérations. Par conséquent, alors que des résultats vraiment prometteurs semblaient à portée de main lors de sa première année de lancement, le développement de l'entreprise patine depuis presque deux ans.

Face à ce développement décevant, un des investisseurs minoritaires décide de remettre en question sa participation financière dans cette entreprise pourtant prometteuse. Par ailleurs, ce partenaire secondaire est un business-angel performant, investisseur actif au sein de nombreuses sociétés à haut potentiel. Sans plus d'enjeux personnels, il propose au propriétaire principal soit de lui revendre ses dix pour cents, soit d'acquérir la majorité de contrôle de leur entreprise commune afin de la remettre sur ses rails.

- Avec bienveillance, il accompagne sa proposition d'une analyse relativement confrontante des qualités du fondateur, aussi éclairé dans ses capacités de visionnaire qu'il est incohérent dans ses velléités de délégation.

Contre toute attente, le fondateur innovant proche de la retraite est relativement lucide sur ses propres limites managériales. Il accepte la deuxième option, sachant que si l'entreprise devait avoir l'avenir qu'elle mérite, cela ne serait possible que s'il renonçait formellement aux moyens d'y exercer un quelconque contrôle direct.

L'affaire est bouclée rapidement. L'actionnaire minoritaire de l'entreprise devient le propriétaire principal. Il confirme le directeur général dans son poste. Il lui propose de faire appel aux services d'un coach afin d'être accompagné dans une rapide reprise en mains de l'entreprise, soit du lancement solide et pérenne de l'activité de la start-up.

Cette proposition d'accompagnement par un coach n'est pas anodine. L'investisseur devenu majoritaire est un habitué des services de coaching. Le coach qu'il propose au directeur général est déjà une ancienne connaissance. En effet, ce coach l'avait déjà accompagné par le passé, et avait déjà effectué, avec succès, des missions de coaching individuel et d'équipe au sein de plusieurs de ses autres organisations. Par conséquent, le propriétaire et le coach avaient déjà un long passé de collaboration, au point de développer une belle amitié.

Lorsque le nouvel actionnaire prioritaire appela son coach afin de lui proposer cette nouvelle mission, la relation de confiance déjà établie permit un rapide alignement sur la définition du contexte comme sur les objectifs généraux de l'accompagnement. Comprenant qu'au sein de la start-up, il s'agissait principalement de donner les moyens au directeur général de réussir sa mission, le coach souligna que tout dépendait de l'engagement de ce dernier.

- En effet, si le processus de coaching devait concerner le directeur général et son équipe, c'est d'abord avec lui que la suite devait être négociée, et seulement s'il était preneur.

Le propriétaire affirma qu'il était totalement d'accord, et qu'il n'avait aucun doute sur le fait que ce DG serait très ouvert à ce type de démarche; qu'il le connaissait bien dans la mesure où ils avaient plusieurs autres projets professionnels en commun. Il ajouta en passant que si ce directeur opérationnel était très efficace, il manquait parfois de répondant lorsqu'il avait une opinion contraire. Il avait tendance à accepter les idées et directions qui lui étaient proposées, même lorsqu'il n'en était pas totalement convaincu.

- **Note :** D'une part, cela peut expliquer la part de responsabilité du directeur général dans ses difficultés de collaboration efficace avec le précédant propriétaire jugé trop interventionniste. D'autre part, cela peut alerter le coach sur ce qui pourrait se reproduire par la suite avec le nouveau propriétaire !

Une deuxième conversation en ligne fut organisée par l'actionnaire repreneur, cette fois-ci à trois. Elle permit une description plus détaillée de la complexité de l'organisation internationale, composée d'équipes dispersées aux US, dans l'est européen, au Moyen Orient, en Asie. Un coaching d'équipe élargi et hybride - à la fois en salle et en ligne - fut rapidement envisagé lors de la discussion.

Les enjeux de cet accompagnement couvriraient les thèmes suivants, traduits en résultats relativement mesurables :

- Des responsabilités plus assumées, une meilleure collaboration entre personnes et départements, une augmentation des prises d'initiatives pertinentes, des suivis mesurables dans la mise en oeuvre des décisions, une réactivité plus pertinente face aux prospects et clients, etc.

Pour conclure, un coaching d'organisation fut décidé, réunissant jusqu'à 25 acteurs clés dont l'équipe dirigeante et quelques autres partenaires originaires des échelons internationaux subalternes. Ce groupe relativement large fut privilégié afin d'accélérer les changements escomptés en incluant tout de suite un éventail assez large de collaborateurs.

- **Attention :** Vers la fin de la discussion, presque en conclusion anodine, le coach comprit que l'investisseur-propriétaire comptait aussi faire partie de l'opération envisagée.

Le coach lui demanda immédiatement à quel titre il comptait participer. En vue de leur longue relation et de l'intérêt évident que portait le propriétaire sur la démarche de coaching en général, tout pouvait laisser croire que sa présence serait acquise. C'est d'ailleurs dans ce sens que le propriétaire s'exprima, ajoutant que sa présence permettrait de faire comprendre aux participants qu'il soutenait de tout son poids à la fois cette action de coaching et la nouvelle dynamique de management centrée sur la réalisation de résultats mesurables.

- **Note :** Tout en souhaitant un changement mesurable dans une dynamique de redressement opérationnel, le nouveau propriétaire peut aussi agir de façon à être perçu comme très présent, voire intrusif, dans le champ de responsabilité de son directeur général.
- Tout en souhaitant réellement déléguer, il semblait se laisser prendre par son envie de suivre de très près la nouvelle mise en place.

Jusqu'à ce moment dans le déroulement des évènements, lors d'une réunion d'introduction et préparatoire, son impulsion stratégique peut être jugée utile sinon nécessaire. Cependant, s'il souhaite vraiment être perçu comme déléguant l'ensemble des opérations afin de laisser le champ libre à son directeur général, il ferait mieux de s'éclipser pour la suite.

En présence de son directeur général, le coach confronta le nouveau propriétaire. Il souligna l'incohérence possible entre vouloir à la fois déléguer les opérations à son directeur général et être présent lors des trois jours de coaching centrés sur la reprise en mains par ce dernier.

Malgré sa déception de ne pas faire partie intégrante d'une nouvelle aventure de coaching, ne serait-ce qu'en spectateur prétendument neutre - ce qui n'existe pas dans un cadre de référence systémique - l'investisseur comprit le piège stratégique dans lequel il se laissait prendre. Il décida de limiter son implication à une présence officieuse lors d'un dîner, et une apparition plus officielle pour clôturer le processus de coaching.

Au cours de la discussion, une deuxième négociation du même ordre eut lieu concernant la délai de programmation de l'opération de coaching : Le propriétaire souhaitait que celle-ci se fasse dans moins d'un mois malgré les difficultés probables de disponibilité et d'organisation d'un tel nombre de participants répartis sur trois continents. Le coach réagit spontanément en proposant de ne pas confondre vitesse et précipitation. Ce ne fut qu'après quelques échanges que le directeur général se positionna pour enfin soutenir le principe d'un délai moins tendu, clairement sa préférence initiale.

- **Note :** Dès cette négociation à trois, réunissant le coach, le commanditaire ou prescripteur et le bénéficiaire désigné, le coach soutient ouvertement le directeur général. Si le coach ne s'est pas positionne dans le sens du commanditaire, il oeuvre ouvertement de façon à assurer les meilleures conditions de réussite du bénéficiaire désigné, le directeur général.

Par ailleurs cette négociation relativement directe et étayée entre le coach et le commanditaire est menée en présence du bénéficiaire afin de lui illustrer qu'il est tout à fait possible de s'affirmer face au propriétaire . Surtout lorsque l'on est convaincu de la pertinence de son point de vue. C'est alors au prescripteur-propriétaire d'évoluer ou pas. Il pourrait insister pour que tout se déroule selon son point de vue et à sa façon, ou illustrer qu'il est ouvert à ce que ses partenaires professionals aient aussi leur mot à dire. Il est ainsi tout de suite mis en situation de manifester que son souhait affiché de déléguer les opération peut être suivi par ses actes.

- **Note :** Cet exemple illustre que toute négociation de coaching à deux, à trois ou plus est déjà une démarche de coaching stratégique et systémique. Un accompagnement de coaching performant ne démarre pas après la négociation, mais *dès la négociation* !

En effet, lorsqu'une mise en oeuvre du changement souhaité peut avoir lieu dès cette phase prétendument préliminaire, elle a bien plus de chances de se concrétiser par la suite.

Par conséquent, toute négociation de coaching est réellement réussie lorsque toutes les parties prenantes sont mises en situation de démontrer la cohérence entre :

- Ce qu'ils affirment verbalement vouloir accomplir et
- La mise en ouvre ou démonstration de leur capacité à se repositionner *pendant* la négociation

Dans ce cas précis, c'est en négociation que le coach fait preuve de ses capacités de coaching, et le commanditaire de ses capacités de délégation. Ce sera ensuite au bénéficiaire du coaching, le directeur général, d'œuvrer au sein son champ de responsabilité clairement défini, afin de réaliser sans entraves les résultats attendus. Cela devra se faire par la suite, au cours du processus d'accompagnement négocié.

LES PREMIERS RENDEZ-VOUS

Les quelques cas de coaching présentés ci-dessus sont centrés sur la relation établie dès la première rencontre commerciale, bien avant le démarrage officiel de la démarche de coaching. Si une démarche de coaching doit s'inscrire au sein d'une relation paritaire, il est en effet nécessaire pour le coach systémique de contribuer activement à établir cette qualité de relation dès les premières minutes de la négociation contractuelle.

- **NOTE** : Soit toutes les relations entre le coach et l'entreprise cliente se font entre partenaires paritaires, soit le coach sera positionné, et se positionnera lui même, comme un simple fournisseur de services au sein d'un cadre de référence préétabli, à la fois imposé et subi.

Il faut aussi savoir que si le cadre de référence d'un système client permettait à ce dernier d'accomplir son objectif, cet objectif serait déjà atteint avant l'arrivée du coach, ou pourrait l'être par des professionnels déjà présents au sein de l'entreprise. Par conséquent, si un prospect ou client individuel ou collectif n'arrive pas à accomplir son résultat par lui-même, alors il lui est utile de chercher une solution à l'extérieur de son cadre de référence. Normalement, c'est ce qui le motive à chercher un fournisseur externe, éventuellement un coach, qui pourra l'aider à sortir de son impasse.

Mais généralement, lorsque en situation de négociation de contrat, le coach se retrouve face à un acheteur qui est responsable de faire un choix parmi plusieurs prestataires. Par définition, cet acheteur présente son contexte et son besoin sous forme d'objectifs à réaliser *dans un contexte qui est le sien*. Selon les cas, cet acheteur est peut être à la recherche d'un coach pour lui même comme il peut être mandaté pour choisir ou effectuer une pré sélection pour un tiers absent[2]. Il n'en demeure pas moins que l'acheteur se positionne tout naturellement comme le représentant du contexte qui justement se trouve dans une impasse.

- **NOTE** : Si le cadre de référence du client est ce qui limite sa capacité à réaliser son objectif, alors il mérite d'être plus ou moins remis en question par le coach dès la relation commerciale, avant la signature d'un éventuel contrat.

Il faudrait aussi que progressivement, l'acheteur puisse admettre que lui-même ou son entreprise ne sait pas comment réaliser le résultat escompté. Mais peu de personnes et d'entreprises clientes savent vraiment adopter une telle position d'humilité lorsqu'en situation de « recrutement ».

Lors d'un premier rendez-vous commercial, le client ou son représentant est dans son rôle d'acheteur dans le sens classique du terme. Il décrit généralement son contexte, puis ses objectifs ou les raisons pour lesquelles il fait appel à un coach, puis les moyens qu'il attend du coach, puis la procédure que ce dernier doit suivre. L'acheteur s'attend à un fournisseur docile.

Dans ce type de rendez-vous, il est généralement utile pour le coach d'écouter, juste le temps de comprendre le cadre de référence du client, mais pas plus ![3]

- **STRATÉGIE** : Le plus rapidement possible, le coach peut alors demander à interrompre ce descriptif, et dire : « Ce que vous dites paraît très clair. Puis-je vous challenger ? ».

Suite à la réponse affirmative qui ne manquera pas de suivre, soit le coach peut commencer à poser des questions qui élargissent ou remettent en question le cadre de référence établi, soit le coach peut se situer en commercial ou en expert, et directement proposer des alternatives différentes.

---

[2] Consulter le texte sur le contrat triangulaire de Fanita English dans Stratégies de management, de coaching, et jeux de manipulation, Alain Cardon, Amazon et Kindle books, 2021

[3] L'importance d'intervenir très rapidement est bien élaborée dans un autre ouvrage, Perspectives quantiques en coaching systémique, Alain Cardon Amazon & Kindle Books, 2020

EXEMPLES :
- Je comprends votre approche. Si vous vous y preniez d'une façon totalement différente, comment feriez-vous ?
- Ce que vous me demandez semble être une approche classique et relativement sans risques. Si vous étiez plus créatif voire réellement innovant, comment feriez-vous ?
- Je trouve que votre approche pourrait gagner en audace, en incluant plus de personnes afin d'avoir un effet plus large, et puis en réduisant les délais de moitié. Quel intérêt voyez-vous à ce type de stratégie ?
- Je trouve que vos enjeux méritent réflexion et qu'il vaut mieux prendre le temps de bien faire, même s'il faut reporter.
- Il est peut-être plus judicieux de ne pas faire à la fois un travail de recentrage sur des résultats et une opération de motivation de type « incentive ». Si les résultats mesurables ou opérationnels priment, je vous proposerai de ne surtout pas faire cela dans un cadre lointain, enchanteur et gastronomique. Vous risqueriez de mélanger vos messages.

Cette stratégie de challenger consiste à rapidement proposer autre chose que ce que le client dit envisager, surtout si sa demande est trop précise quant aux moyens à déployer. Cette stratégie quelque peu interruptive est essentielle dans toute négociation en vue de mettre en place une démarche d'accompagnement en coaching systémique. Elle sert à immédiatement savoir si l'interlocuteur :

- Est capable de sérieusement envisager les ouvertures avancées par le coach qui lui fait face, ou alors,
- S'il va simplement insister pour faire en sorte que ce dernier s'inscrive au sein d'un cadre de référence préétabli : celui du système qui justement se trouve dans la difficulté d'assumer la transition ou le changement qu'il dit vouloir accomplir.

Bien entendu, la qualité de l'interlocuteur interne au système joue ici un rôle prépondérant. Si cet interlocuteur est lui-même subordonné à une demande formulée de façon contraignante par un autre, il ne peut que la faire suivre. Il ne peut que s'attendre qu'à ce que le coach accepte le contexte tel qu'il est posé, en se subordonnant à son tour. Si toutefois cet interlocuteur est lui-même partenaire ou décisionnaire quant à la nature de la demande, un vrai travail de réflexion paritaire peut alors avoir lieu.

- **NOTE** : Par conséquent, un coaching systémique se doit souvent d'être négocié avec un vrai décisionnaire plutôt qu'avec un de ses subordonné.

Le coaching systémique ne se vend pas

Il est quelquefois soutenu que l'on ne vend pas du coaching systémique. En effet, un coach ne cherche pas à se faire recruter en tant que subordonné. Pas plus qu'il ne cherche à se vendre auprès d'un manager ou acheteur en position haute. Il cherche à établir des partenariats productifs dans une relation gagnant-gagnant. C'est la définition même du mot accompagnement : une relation de compagnonnage entre pairs, d'égal à égal.

Et en tant que professionnel bien formé aux subtilités linguistiques qui révèlent les cadres de références sous-jacents, un coach systémique sait aussi immédiatement répondre de façon à confirmer ou rééquilibrer la relation, afin d'assurer sa position de partenaire, sa posture d'agent de changement. Il sait établir le type de relation qui est aussi la plus profitable pour l'entreprise cliente; celle qu'elle se doit de développer en externe comme en interne.

Par conséquent, un des facteurs clés dans la réussite d'un accompagnement réside dans la qualité de la relation de coaching établie entre le coach et chaque membre de l'entreprise cliente.

- **NOTE** : Il est souvent dit et répété que le coaching s'inscrit dans le cadre d'une relation paritaire.

Cette définition du coaching est très importante. Au premier degré, elle ne signifie pas qu'il faut avoir une bonne relation dans le sens de relation positive, satisfaisante, plaisante, voire complaisante.

- **NOTE** : Au choix, une relation de coaching peut reposer sur une très grande exigence réciproque, sur une certaine distance pudique et respectueuse l'un de l'autre, sur un style viril et direct bien partagé, sur un grand respect d'échanges presque cérémonieux, sur un souci excessif de bienveillance de part et d'autre, etc. Lorsqu'il s'agit de coaching, ces relations se doivent d'être paritaires.

Dans tous les cas, une des qualités premières d'une relation de coaching, c'est qu'elle existe et s'exprime dans une forme de respect réciproque. Cela signifie que ni le coach ni le client ne se situent en position haute – de domination - ou basse – de soumission - par rapport à l'autre, par rapport à une tierce personne ou par rapport au contexte ou à l'entreprise environnante. C'est cela une position respectueuse dans la réciprocité !

CAS 5 : Les objectifs de moyens

La DRH d'une filiale nationale d'un groupe international appelle un coach de grande notoriété afin de lui demander d'accompagner l'équipe de direction dont elle fait partie.

Lors de leur première discussion téléphonique, la DRH donne quelques éléments de contexte : S'il s'agit d'un coaching d'équipe relativement urgent dans le temps, les objectifs en sont simples. Il s'agit de développer de bien meilleures relations au sein de l'équipe de direction et un meilleur esprit de collaboration.

La DRH semblait surtout vouloir s'assurer que le coach était disponible pour ses trois jours d'accompagnement collectif. Les dates étaient déjà arrêtées pour effectuer ce travail. La DRH présentait la situation comme si la collaboration était acquise. Relativement flatteuse, elle voulait assurer la réussite de l'opération en faisant appel à un coach bien établi, internationalement reconnu. Aussi, le lieu pour ce travail était défini : il s'agissait d'une destination de rêve, qui permettrait d'assurer une très bonne motivation de la part de tous les participants. L'opération de coaching d'équipe devait avoir lieu quelques mois plus tard. Tous les moyens étaient bons pour en assurer la réussite. La RH commença à conclure en demandant une proposition écrite et chiffrée dans les plus brefs délais.

- Le coach précisa alors qu'avant de pouvoir faire une proposition, il lui serait nécessaire de rencontrer le patron de l'organisation, son PDG, afin d'affiner avec lui les objectifs de l'opération et les traduire en résultats plus concrets voire mesurables.

La DRH répondit rapidement que cela ne serait ni possible, ni vraiment utile. Ce patron était très pris par de nombreux engagements stratégiques, locaux et internationaux. Elle rassura le coach sur le fait que toute l'équipe était déjà informée de l'opération et que tous s'étaient déjà alignés sur les objectifs à atteindre : mieux se connaître afin de mieux s'entendre, pour mieux travailler ensemble.

- **NOTE** : Ce type de demande qui stipule que de meilleures relations sont un pré requis pour mieux réussir correspond au cadre de référence de cohésions d'équipes. En coaching systémique d'équipe, la proposition est inversée : Il est utile d'apprendre à bien mieux travailler ensemble, et ceci ne collaboration à la fois exigeante et respectueuse, si l'on souhaite développer de meilleures relations.

Suite à cette réponse le coach repris alors la parole de façon plus affirmative pour préciser qu'il ne s'agissait pas pour lui d'une rencontre optionnelle. Il lui était nécessaire de rencontrer le patron de l'organisation avant de faire une proposition écrite et bien avant que le coaching d'équipe puisse avoir lieu. C'était incontournable. Pour le coach, il était indispensable d'affiner les objectifs stratégiques de l'opération avec le patron, afin de les traduire en résultats plus concrets et mesurables.

Face au silence de la DRH, le coach lâcha quand même un peu de lest, et précisa que cette rencontre pouvait être téléphonique. Il ajouta que si cette rencontre téléphonique ne pouvait se faire avant les dates préétablies pour l'intervention, le coach avait d'autres disponibilités à proposer à des dates ultérieures. Il était possible de reporter l'opération à plus tard.

Face à l'insistance très ferme du coach, le rendez-vous téléphonique avec le Directeur Général de l'organisation eut lieu.

- **NOTE** : Puisque le patron participe au coaching d'équipe, il n'est vraiment pas indispensable de le rencontrer avant d'entamer ce type de travail d'accompagnement collectif. En effet, le patron est présent dès le début de l'opération collective. Tous les ajustements contractuels peuvent alors se faire à chaud, sur place et en partenariat avec l'ensemble de l'équipe, dont le patron.

Alors pourquoi une telle insistance du coach, à vouloir absolument avoir une discussion avec ce patron avant le démarrage de ce coaching d'équipe ? Si la réponse ne repose pas sur une raison précise, plusieurs indicateurs méritent réflexion et peuvent susciter une plus grande vigilance.

Tel qu'il est initialement présenté par la RH, le contexte semble facile, le lieu est séduisant, le coach est choisi pour sa notoriété évidente, les dates sont bien bloquées à l'avance pour tous les acteurs pertinents, etc. Tous ces éléments manifestent une excellente gestion de moyens. Il serait facile de s'y endormir.

- Les objectifs plus stratégiques de cette opération de coaching sont toutefois formulés de façon très générale et surtout en termes de moyens. « De meilleures relations et un meilleur esprit de collaboration ». D'accord, mais pourquoi faire ?

Il est sans doute évident pour certains que si les relations interpersonnelles s'améliorent au sein d'une équipe, les résultats collectifs seront sans doute aussi à la hausse. Il s'agirait alors de conclure que les résultats opérationnels sont des conséquences indirectes ou des résultats accessoires ou collatéraux, naturellement issus du développement de bonnes relations. Cela consiste à affirmer que l'objectif principal d'une équipe de direction performante est d'abord de s'assurer que les relations interpersonnelles soient bonnes, et que le reste saura suivre, presque accessoirement.

- **NOTE** : Les bonnes relations interpersonnelles seraient alors un point de passage évident qui permettrait ensuite d'accomplir de meilleurs résultats opérationnels.

Dans la réalité, cet argument ne tient pas souvent la route. De nombreuses équipes qui affichent de très bonnes relations amicales sont aussi relativement médiocres au niveau des résultats opérationnels. La priorité accordée aux bonnes relations fait que de nombreuses stratégies d'évitement y sont mises en œuvre afin de s'assurer que le climat social reste au beau fixe. Ces stratégies d'évitement favorisent souvent une forme de complaisance, diamétralement opposée à un environnement de performance.

- **NOTE** : Il faut savoir que dans le monde sportif, par exemple en football ou en basketball, les problèmes relationnels sont surtout l'apanage d'équipes de perdants. Lorsqu'une équipe est gagnante, les joueurs se respectent et tout va bien.

Ce n'est lorsqu'une équipe sportive se met à perdre que les conflits relationnels font surface, que les jalousies s'exacerbent, que les journaux en font leurs choux gras. De même, lorsqu'une équipe professionnelle est bien encadrée par son objectif de réussite et véritablement centrée sur l'obtention de résultats opérationnels, elle ne manifeste généralement aucun problème de relation ni de manque de collaboration.

Si dans l'organisation concernée par notre cas ci-dessus, la RH souligne qu'il est nécessaire de développer de meilleures relations, un meilleur esprit de collaboration, c'est donc probablement que cette équipe n'obtient pas les résultats que l'on pourrait en attendre. Non seulement les indicateurs opérationnels ne sont pas du tout abordés par la RH, mais elle ne met en avant qu'un objectif d'obtention de bonnes relations. Celui-ci lui est lui est prioritaire à tout résultat opérationnel. Elle affirme aussi que tous les membres de l'équipe sont d'accord sur les objectifs du coaching d'équipe, et qu'il n'est pas utile de rencontrer le patron. Conclusion, il vaut mieux en savoir plus en rencontrant le patron !

Le coach insiste donc pour le rencontrer. Une date est enfin trouvée pour y placer une petite heure de discussion téléphonique. Lors de cette conversation entre le directeur général, la RH et le coach, ce dernier demanda s'ils avaient déjà procédé à des opérations de coaching d'équipe dans le passé. Immédiatement, la RH répondit par l'affirmative, que l'équipe procédait à ce type de travail une fois l'an, en effectuant régulièrement une retraite de trois jours avec un coach, afin de réfléchir ensemble.

Il s'avéra que chaque année, ils faisaient appel à des coachs différents. Le coach demanda alors pourquoi il n'y avait pas davantage de suivi. La RH répondit encore immédiatement en affirmant qu'il y avait toujours des suivis, puisque de nombreux cadres étaient en relation de coaching chacun avec leur programme de coaching individuel.

- « Alors, pour vous, dit le coach, le suivi d'un travail de coaching d'équipe, c'est de faire du coaching individuel ? Quel est l'avantage évident de changer de coach d'équipe à chacune de vos rencontres annuelles ? » La réponse fut un silence.

Jusque là, le patron n'était pas intervenu. Il n'avait jamais vraiment considéré que l'accompagnement annuel de son équipe ne puisse permettre autre chose que vivre un rituel relationnel qui n'apporterait aucun changement mesurable au sein de son entreprise. Et de façon régulière, ce rituel était organisé par la Direction des Relations Humaines.

Avec le patron, une conversation différente put enfin avoir lieu. Les questions suivantes concernant la performance opérationnelle de l'équipe furent posées par le coach.

- Comment se portaient les résultats de l'entreprise ? Le bénéfice opérationnel ? Comment les membres de l'équipe collaboraient-ils ensemble ? Leurs réunions étaient-elles efficaces ? Quel était leur ratio de décisions formelles par heure de réunion ? Combien de membres du comité de direction étaient-ils vraiment engagés dans leur propre développement de manager ? Combien de membres de l'équipe savaient-ils challenger les autres membres de l'équipe ? Lesquels étaient les plus résistants aux changements ? Prenaient-ils des décisions communes facilement ? Tenaient-ils leurs délais ? Respectaient-ils leurs engagements collectifs ? Etc.

Durant cette discussion, la RH ne dit plus grand chose. La conversation avec le patron permit de révéler que, plutôt que de travailler sur l'amélioration de meilleures relations, cette équipe avait un besoin urgent de se recentrer collectivement sur l'obtention de bien meilleurs résultats, opérationnels et mesurables.

- **NOTE** : Si la relation avec un coach se doit d'être paritaire, cela ne signifie pas qu'elle doit être complaisante. Il est tout à fait normal qu'une entreprise ait ses habitudes et ses rituels. Il est tout à fait normal aussi qu'elle cherche à valider ces habitudes et rituels en faisant appel à un coach de façon à assurer la validité de ses choix.

Pour le coach systémique, cependant, il est souvent nécessaire d'aider le client à sortir de son cadre de référence, quelquefois malgré lui, afin de l'accompagner dans un développement hors de ses zones d'ombre, hors de ses taches aveugles, hors de ses rituels inopérants.

Soyons clairs que la situation ci-dessus pouvait avoir une autre issue. Le coach aurait pu accepter l'offre initiale, relativement confortable, d'accompagner l'équipe dans un travail centré sur l'amélioration des relations. Comme lors des années précédentes, certains abcès auraient pu être crevés, au moins en surface, certaines vérités auraient pu être échangées plus ouvertement que derrière des portes closes, et quelques décisions d'améliorer certaines relations auraient pu être arrachées.

Puis l'ensemble de l'équipe serait rentré, et la RH aurait été satisfaite. Comme par le passé, l'année suivante serait marquée par le départ d'un ou deux membres de l'équipe, et par une continuité relativement prévisible au niveau des résultats opérationnels de l'ensemble. Et après un an, la RH chercherait un autre coach d'équipe afin de lui poser le même problème, de la même façon. Puisque l'objectif n'est pas posé autrement, personne ne s'attend à atteindre un résultat réellement différent.

- **NOTE** : C'est la fonction d'un coach systémique que de remettre en question la façon dont un client pose son problème, voire dans le cas ci-dessus, sa façon de poser sa solution.

Surtout s'il s'agit pour le coach de s'inscrire dans un cadre de référence de rupture utile afin de provoquer de l'innovation pertinente.

Dans le cas ci-dessus et par ailleurs,
- Lorsqu'un client demande à travailler sur l'amélioration des relations, serait ce plus utile de travailler sur l'amélioration des résultats ?
- Lorsqu'un client propose d'aller travailler dans un lieu lointain et motivant, serait-ce plus utile de proposer de travailler en ville, en non résidentiel, dans un environnement professionnel, non loin du lieu habituel de travail ?
- Lorsque le client propose de faire le travail en urgence, voire s'il a déjà prévu ses dates, serait-ce plus utile de se centrer sur la stratégie à long terme, et ne pas hésiter à reporter si cela permet de faire un meilleur travail, plus profond et pérenne ?
- Si le client souhaite un coaching individuel, serait-ce souhaitable de proposer un travail en équipe, et s'il veut effectuer un coaching d'équipe, alors pourquoi ne pas proposer un travail en grand groupe comprenant plusieurs équipes à la fois? En général, plus la cible touchée est large, plus on peut s'attendre à obtenir des résultats conséquents.

Bien entendu, toutes ces contre-propositions ne servent qu'à une seule chose: vérifier que le client est à même d'envisager une relation paritaire avec un coach qui réfléchit autrement, et qui serait un véritable partenaire de réflexion.

- Si toutes les propositions du coach ne sont pas recevables, le client ne cherche qu'un prestataire à même d'effectuer ce qu'il est capable de concevoir en préservant son cadre de référence, son analyse de la situation, ses habitudes, et bien entendu, ses résultats habituels. Il ne s'agit pas de réelle démarche de changement profond.

Si les propositions originales voire contradictoires du coach permettent d'entamer un vrai débat sur le sens que peut avoir chaque critère de l'organisation de l'accompagnement envisagé, alors une véritable relation paritaire peut avoir lieu. Le coach et le client peuvent alors entamer ensemble un véritable parcours de développement.

Quitte à ce que finalement et ensemble, aucune des propositions du coach ne soit perçue comme vraiment pertinente et que les propositions du client soient toutes respectées à la lettre.

CAS 6 : Comment challenger l'interlocuteur

Le PDG d'une entreprise de production dans le domaine artistique cherche un coach afin d'envisager un accompagnement pour changer son style de direction. Selon ses dires et ceux de son entourage professionnel, il ne délègue pas du tout. Au cours de la première rencontre commerciale avec un coach, le patron pose son problème de délégation et en élabore le détail des conséquences sur sa propre vie professionnelle et sur les frustrations de son équipe de direction.

- **NOTE** : Lorsqu'un patron souhaite être accompagné par un coach, il est utile de constater qu'il assume plusieurs rôles face au coach. Le coach pourrait lui poser des questions pour savoir à qui il s'adresse.

EXEMPLES :
- D'une part ce client s'auto désigne comme candidat à la démarche. Il est son propre prescripteur.
- D'autre part, il peut se poser comme décisionnaire quant au choix du prestataire et de la forme que pourrait prendre la démarche.
- Ensuite, il est PDG, donc responsable d'assurer la cohérence du système qu'il représente, et s'il est propriétaire du système qui lui appartient. Il est chez lui.
- Enfin, ce PDG est aussi responsable d'assurer l'évolution, voire la transformation du système, ce qui nécessite souvent des remises en question personnelles et organisationnelles dont la dimension confrontante est plus ou moins facile à assumer.

DÉFINITION : Le coach accompagne les changements de perspectives de ses clients, afin que ces derniers puissent découvrir de nouvelles options et solutions, puis les mettre en œuvre.

Dans le cas ci-dessus, le client décrit comment ses collaborateurs se plaignent de ne pas pouvoir prendre d'initiatives sachant qu'il a toujours besoin de donner son aval sur tout. En conséquence, il finit par s'occuper de tous les petits détails opérationnels qui ne le concernent pas vraiment directement. Après quelques minutes, le coach interrompt la présentation détaillée du patron et reformule sa demande de coaching, en soulignant toutefois une dimension paradoxale :

- « Alors si je comprends bien, non seulement vous êtes responsable de tout au sein de votre entreprise, mais en plus, vous avez aussi l'entière responsabilité de changer cet état des choses. En somme, en plus de tout le reste, c'est maintenant aussi à vous d'assurer plus de délégation. C'est bien ça ? ».

Le patron reste silencieux un moment, visiblement surpris par le fond de la question.

- **NOTE** : Cette question pose clairement le paradoxe de la délégation : Un patron ne peut être le seul tenu responsable de mettre en place une dynamique de délégation, au risque d'avoir à porter ce projet de délégation tout seul, pendant que tous les autres attendent sans prendre plus de responsabilité.

Du point de vue systémique, la délégation concerne de façon égale tous les partenaires en jeu. Elle ne devient possible que lorsque l'ensemble du contexte le permet, c'est à dire à condition que chacun assume et sa part dans les interfaces, et sa responsabilité de prendre des initiatives. En somme, des interfaces de délégation ne peuvent être mises en œuvre au sein d'une relation que par une des personnes concernée.

Clairement ce nouveau cadre de référence de co responsabilité dans le changement sortait du champ de ce que le patron avait prévu. Alors même qu'il souhaitait déléguer.

- « Je ne comprends pas... » dit le patron après réflexion.
- « Qu'est-ce que vous ne comprenez pas, exactement ? » demande le coach.

- **NOTE** : Cette question de précision est toujours utile face à un client qui affirme ne pas comprendre.

En effet, dire que l'on ne comprend pas en s'attendant à ce que l'autre ré explique tout à nouveau peut être perçu comme relativement passif, voire comme une façon de déléguer à l'autre d'avoir à se justifier. C'est une excellente façon de prendre une position basse en invitant l'autre à assumer la responsabilité du résultat ou à se dévoiler un peu plus dans l'équilibre de l'interaction.

- **NOTE** : Cette stratégie relationnelle n'est vraiment pas étrangère aux contextes de délégation vers le haut qui soutiennent que le patron ne délègue pas vers le bas ! En somme, en prétendant ne pas comprendre, ce patron fait avec le coach ce que ses employés font avec lui !

Socialement, il est entendu que face à une telle affirmation de la part du client, le coach devrait se sentir obligé de fournir plus d'explication et donc de prendre une position haute, complémentaire à celle du client. En coaching systémique, cependant, il est utile de ne pas occuper la position haute face à un client en position basse.

Alors demander au client plus de précisions sur ce qu'il n'a pas compris permet d'impliquer ce dernier un peu plus dans la démarche de clarification de sa demande de clarification quelque peu générale. Le coach pourrait même dire - - « Je ne comprends pas ce que vous ne comprenez pas », ce qui serait un peu trop symétrique, mais révèlerait massivement le jeu.

- « je ne comprends pas ce que vous voulez dire. » dit le patron, sans en ajouter plus.

- **NOTE** : Il est tout à fait possible que le patron ne comprenne rien du tout, mais ce n'est pas la première hypothèse d'un coach lorsqu'il est face à un patron.

Dans notre cas, il est tout aussi possible que par cette affirmation, le client cherche à préciser le contexte relationnel du coaching : Ce contexte sera t-il défini par le coach ou par le client ?

Nous pouvons imaginer ici qu'il ne s'agit pas d'une incompréhension du paradoxe révélé par le coach mais surtout de la formulation d'un désaccord, voire d'une position de compétition. C'est à celui qui lâchera le premier. Le client refuse d'envisager une nouvelle perspective, fondamentalement différente de la sienne. En termes relationnels, le client pourrait souhaiter se poser soit en opposition soit en décideur. En effet, c'est quand même lui le client.

Le coach répond alors :
- « Je reformule simplement votre demande, pour comprendre aussi. Vous souhaitez être individuellement accompagné pour apprendre à déléguer. Je ne vois pas vraiment comment vous allez apprendre à déléguer tout seul. J'y ajoute une perspective paradoxale, en soulignant que si vous êtes déjà responsable de trop de choses dans votre

organisation, en ajoutant à cette longue liste le problème de la délégation, vous vous en rajoutez encore plus. La question qui peut se poser est : Comment vos collaborateurs pourraient-ils devenir co responsables et acteurs du changement qu'ils affirment souhaiter, leur permettant plus de délégation ? »

- **NOTE** : Par cette intervention, le coach assume de clarifier sa perspective, voire d'en rajouter très clairement sur ce que le client dit ne pas avoir compris.

Au niveau du contenu, cette clarification du coach réaffirme que le problème de délégation est bien plus large ou plus systémique que ce que le client n'était prêt à envisager. Ceci faisant, au niveau du processus, le coach affirme clairement qu'il a un point de vue différent de celui du client. La position est complémentaire ou opposée, au choix. Le client va devoir se positionner.

- « En clair, vous proposez plutôt d'accompagner mes collaborateurs parce qu'ils seraient responsables de mon manque de délégation ? » répond alors le patron.

- **NOTE** : `Son ton change un peu, et devient légèrement sarcastique, pour souligner son refus. Le propos du coach est rendu presque caricatural. Là, le patron assume plus clairement sa position haute.

Aussi l'argument posé par le patron – si ce n'est pas moi, c'est donc eux – ne fait qu'inverser les responsabilités dans le cadre d'une même relation binaire. Par conséquent, la nouvelle interprétation du client n'est pas plus systémique que son point de vue initial.

- **NOTE** : Il est à souligner ici que le même cadre de référence de polarité compétitive ou d'opposition se retrouve à la fois entre le patron et son équipe et entre le patron et le coach.

Alors pour le coach, une autre clarification peut s'imposer : - « Oui, je pense que sur le thème qui vous préoccupe tous, il serait utile de vous accompagner tous ensemble, dans la mesure où vous êtes tous impliqués par la demande de changement vers un contexte qui vous permettra à tous plus de délégation. »

- **NOTE** : Le coach commence sa réponse avec un oui qui souligne une posture d'accord, et il propose une solution qui les concernerait tous ensemble, répétant le mot tous plusieurs fois. La forme et le fond de cette réponse vont dans le sens d'une approche inclusive et collaborative, et re-positionne clairement le cadre de référence systémique.

- « Ce n'est pas ce que j'avais envisagé » répond alors le patron à peine sèchement. « Il faut que j'y réfléchisse ».
-
Le patron a compris qu'il doit faire un choix. Soit il change son point de vue, acceptant de s'adapter à une démarche qu'il n'avait pas prévue, soit il reste sur ce qu'il avait envisagé. Son positionnement face à un choix d'ouverture dans une forme de délégation ou de contrôle tout seul est clairement posé.

Après un silence, il reprend la parole et une discussion s'ouvre sur des options alternatives à un simple coaching individuel à son seul bénéfice personnel. Celles-ci peuvent bien entendu comprendre du coaching d'équipe et/ou de la formation ou encore des accompagnements individuels qui s'adressent à d'autres personnes parmi ses collaborateurs.
Après un temps, le patron demande un temps de réflexion et des propositions écrites et chiffrées sur les différentes options d'accompagnement proposées par le coach, toutes impliquant plus de personnes qu'uniquement le patron.

Sans grandes surprises, ce rendez-vous commercial fut leur premier et dernier contact. Le coach ne put avoir de réponses positives ou négatives quant à ses propositions malgré plusieurs lettres et coups de fils passées à l'assistante du patron. La rupture du dialogue illustre bien une fin de non recevoir.

Ce cas illustre les résonances qui apparaissent au sein du dialogue entre un coach et l'univers systémique de son client. Ici, ce phénomène apparaît entre le contenu des préoccupations du client et la forme de la relation avec le coach au cours du premier rendez-vous.

De façon plus précise, le thème du client ci-dessus est la délégation qu'il dit vouloir apprendre. Simultanément au cours du rendez-vous, ce client illustre qu'il entend garder son point de vue jusqu'au bout, face à un coach qui propose des approches différentes de la sienne. Par ailleurs, le patron semble clairement vouloir garder la main sur la relation avec le coach, c'est à dire ne pas déléguer une once de pouvoir. C'est au coach d'accepter le contexte posé par le patron et de traiter le problème tel qu'il est posé.

Il s'ensuit un paradoxe relationnel qui pourrait être exprimé de la façon suivante : « je veux apprendre à déléguer avec vous, mais seulement si vous le faites à ma façon ». De fait, le coach se retrouve aussi en situation paradoxale :

- Soit il accepte de se soumettre à l'approche du patron, dans cette relation de contrôle - soumission qui le rendrait incompétent pour l'accompagner vers plus de délégation -.
- Soit il propose une option différente, presque par principe, afin de clarifier tout de suite si le client veut vraiment lâcher un peu de contrôle dans tout ce qu'il met en œuvre, dont dans sa propre démarche de coaching.

Ce cas pose clairement le fait que le coach systémique doit assumer une posture de coach dès le premier rendez-vous commercial, au risque de ne pas pouvoir établir le type de relation paritaire qui est à la base de la pratique du métier. Toutes les premières rencontres avec le coach, dont les premiers rendez-vous commerciaux, illustrent très rapidement la qualité de la relation qui pourra s'ensuivre lorsqu'il commencera à pratiquer son métier au sein d'une organisation.

- Si ce premier rendez-vous pose les bases d'un partenariat paritaire centré sur une relation d'accompagnement respectueuse, alors il y aura une bonne base pour amorcer une relation de coaching à plus long terme.
- Si ce premier rendez-vous pose les bases d'une relation entre inégaux, en compétition, de soumission ou de contrôle, en jeux de pouvoir, d'impuissance et de passivité improductive, alors il y peu de chances que la relation qui s'ensuive puisse permettre un coaching performant.

A partir de ce premier et dernier entretien, le cas ci-dessus peut fournir beaucoup d'hypothèses sur ce qui se passe au sein de l'entreprise dirigée par ce patron. A ce stade, cependant, cela ne peut rester que des hypothèses gratuites :

- Clairement, le patron semble être assez résistant aux idées qui ne sont pas les siennes.
- Vu qu'il n'est pas ouvert à une approche de coaching impliquant toute son équipe ensemble, il est possible qu'il ne manage chacun de ses cadres que par le biais de relations à deux, .
- Par conséquent, cela renforcerait une culture où chacun dans entreprise œuvrerait en solitaire en relation avec le patron donc en

- silo par rapport à ses pairs. La notion même de travail collectif ou en équipe serait une grande inconnue.
- Il est aussi fort possible que la force de l'entreprise réside dans l'expertise de ses membres pris individuellement plutôt que dans leur capacité de travail en collectif.
- Aussi, le fait qu'il n'y ait pas eu de suivi par courrier du rendez-vous, ne serait-ce que pour informer que les propositions du coach n'aient pas été retenues peut être un indicateur du niveau de respect en cours au sein du système.
- Etc.

- **NOTE** : Fondamentalement, ce cas peut poser une question de fond à beaucoup de coachs débutants. Comment obtenir des contrats de coaching si le coach ne se plie pas à la qualité relationnelle du client ou de l'intermédiaire qui formule la demande ?

Dans ce sens, de nombreux contrats de coaching sont aussi négociés par d'autres personnes que le coach, qui n'apparait que plus tard, dans la mise en œuvre du contrat. Il peut s'agir d'un intermédiaire commercial ou d'un responsable de cabinet de coach. Il est utile que ce négociateur sache aussi bien saisir toutes les nuances ou formes systémiques dans les interfaces qui émergent avec le client. Il serait aussi utile que ce négociateur sache naviguer afin d'établir une relation paritaire, si le coaching qui suit doit aboutir à des résultats satisfaisants.

- **NOTE** : Il est difficile pour un coach de suivre avec une posture paritaire une vente qui serait bouclée de façon inéquitable, de la part du vendeur ou de l'acheteur.

Un autre aspect mérite d'être abordé ici. Supposons que le client dans le cas ci-dessus accepte de changer de point de vue, et se met à adopter une perspective exploratoire qu'il n'avait pas envisagé. Alors de façon systémique, il serait possible d'affirmer que le coaching est déjà presque réussi, avant même de commencer.

- **NOTE** : Lorsqu'un client décisionnaire est prêt à changer de position ou de perspective dès la première négociation avec son coach, il est déjà capable de se repositionner ou de changer face à une perspective imprévue. Puisqu'il est déjà capable de changer, la suite de l'accompagnement sera très probablement un succès.

Par conséquent, une conscience systémique lors d'un entretien de vente peut réellement servir à choisir ses clients en connaissance de cause. Une relation de vente permet souvent un premier diagnostic détaillé.

- De plus, notez que tous les cas ci-dessus illustrent que le premier rendez-vous de négociation est déjà un entretien de coaching. Le coach systémique n'y parle pas de coaching, pas plus qu'il n'explique ou ne vend du coaching. Il en fait !

Pour un coach systémique un premier entretien de négociation est en fait l'équivalent d'une première séance gratuite. Cette première séance essentielle permet deux choses :

- Elle permet au client de savoir s'il veut vraiment du coaching systémique dans la réalité de ce que le coaching systémique est réellement, en le vivant.
- Elle permet au coach de savoir si le client veut vraiment ce qu'il dit vouloir, ou s'il veut simplement tergiverser, en prétendant prendre les moyens pour atteindre un but dans lequel il ne s'engage pas ou auquel il ne croit pas.

Cela permet au coach de rapidement faire ses propres choix stratégiques, c'est à dire de travailler avec des clients vraiment prêts à bouger, ou pas.

- **Attention:** Dans de nombreuses situations ou le coach accepte et se soumet au cadre de référence du client et de son système environnant, l'accompagnement en coaching ne peut servir qu'à valider voire renforcer ce que le client fait déjà, avec la bénédiction du coaching, qui de fait sert à ne rien changer.

Quoiqu'il en soit, en coaching systémique, il est possible d'apercevoir la forme des interfaces qui définissent la culture de management d'une entreprise à travers un seul échange, la forme d'une relation sur plusieurs mois à travers un seul premier rendez-vous.

CAS 7 : Un coaching d'out-placement

Un coach est appelé par le PDG d'une multinationale qu'il connaît bien pour l'avoir accompagné à maintes reprises au fil des années. Depuis quelques temps, cette relation s'était arrêtée. Dans cette même entreprise, le coach continuait à suivre d'autres personnes et d'autres équipes dans d'autres pays. Récemment, ce PDG avait demandé au coach d'accompagner un de ses collaborateurs proches, responsable juridique et membre du comité de direction, en coaching individuel. Quelques mois après cet accompagnement relativement satisfaisant, coup de théâtre : le collaborateur fut remercié.

> • **NOTE** : Il serait intéressant de mesurer le nombre de démissions ou de licenciements dans l'année qui suit des accompagnements de coaching réussis. Il semble prévisible que ces chiffres soient assez impressionnants.

Ce taux élevé de départs voulus ou provoqués ne devrait pas être étonnant, vu que bon nombre de relations de coaching sont demandés par ou prescrits pour accompagner des cadres insatisfaits, qui croupissaient au sein d'environnements qui ne leur conviennent pas.

> • **NOTE** : Par conséquent si un accompagnement de coaching individuel est bien mené pour un cadre qui vit son environnement comme insatisfaisant, la rupture paraît sainement inévitable.

Suite à ce premier contrat d'accompagnement individuel, le coach et PDG ne se sont pas revus pendant quelques mois. Puis le patron provoque un autre entretien. La discussion avec le PDG commence sur un ton amical, suit quelques méandres, presque sans but défini. Puis subitement, le PDG évoque la possibilité d'accompagner un autre membre de son comité de direction, cette fois-ci le responsable du développement.

> • **NOTE** : Beaucoup de demandes de coaching prescrits par les entreprises ne seraient-elles qu'une forme non avouée d'outplacement ?

Le coach dit au PDG - « Jusqu'ici, cent pour cent des personnes que vous m'avez proposées pour un accompagnement en coaching ont fini par être remerciées. Comptez vous aussi vous séparer de cette personne ?

> • **NOTE** : Tout peut être dit en coaching ou ailleurs, si c'est fait de façon amicale, éventuellement avec une petite dose d'humour.

Le PDG esquive la question directe, et explique qu'ils sont plutôt en phase de resserrement de budgets, que la conjoncture n'est pas très favorable au développement de la société, et qu'il s'agit de la compétence principale de ce collaborateur. Si le contexte économique ne changeait pas, il aurait tout avantage à envisager de partir.

- « Vous lui avez dit, ou vous considérez que c'est à un coach externe de le faire ? » Le patron répond qu'il n'est pas encore sûr de sa décision et qu'il souhaite encore garder ses options ouvertes. Le coach dit alors :
- « J'ai une autre question très différente pour vous…(temps de silence) Vous lui avez dit ça aussi, ou vous considérez que c'est au coach externe de le faire ?

> • **NOTE** (bis) : Tout peut être dit en coaching ou ailleurs, lorsque c'est fait de façon amicale, avec une petite dose d'humour.

Cette fois-ci, le patron comprit. Par la suite, le contexte du coaching fut posé franchement avec le bénéficiaire direct de la démarche. Cartes sur table, l'accompagnement put suivre son cours normal. Pour le client désigné, cet accompagnement fut réussi. Il se servit de son parcours de coaching pour déterminer ce qu'il voulait faire de sa carrière, que ce soit au sein de cette société, ou ailleurs.

Pour la petite histoire, ce directeur de développement trouva assez rapidement un poste de directeur général au sein d'une société en création dont le développement international fut fulgurant, au point d'être cotée en bourse dans les trois ans.

Pour le PDG, l'accompagnement flash illustré ci-dessus et effectué par le biais de quelques questions directes lui fit prendre conscience qu'il était possible de traiter les situations les plus difficiles – comme la nécessité d'entamer une séparation avec un collaborateur – en étant totalement positif et transparent.

> • **NOTE** : Ce cas illustre une fois de plus que tous les entretiens de négociation ou clarification, avec toutes les personnes rencontrées par un coach au sein d'une entreprise sont sujettes à sa posture de coach.

En coaching systémique, il ne s'agit pas de « faire » du coaching seulement face à un bénéficiaire désigné comme "cible" de la démarche. Il s'agit « d'être » coach tout le temps, avec chacune des personnes rencontrées au sein du système, même si c'est par hasard. Le véritable client pour un coach systémique, c'est le système dans son ensemble. Au bout du compte, c'est ce système collectif qui paye, donc qui devrait en bénéficier. Bien entendu, cela a des conséquences sur la façon dont un contrat de coaching systémique est posé et rédigé.

LE COACHING SYSTEMIQUE INDIVIDUEL

A première vue, l'expression « coaching d'organisations » semble définir quelque chose de précis. Il peut s'agir d'aborder un ensemble organisationnel de façon cohérente afin d'effectuer une relation d'accompagnement avec l'organisation toute entière.

- **NOTE** : Plusieurs questions de clarification peuvent se poser lorsqu'il s'agit de coaching d'organisation. S'agit-il d'accompagner individuellement des personnes issue d'une même organisation, séparément des équipes issus d'un même ensemble, ou l'organisation toute entière (ou un grand ensemble significatif), simultanément ?

Plus précisément, lorsqu'un coach accompagne plusieurs personnes, toutes membres de la même organisation, s'agit-il de coaching d'organisations, ou d'une suite de relations de coaching individuelles, organisées indépendamment les unes des autres ? De même lorsqu'un coach accompagne plusieurs équipes issues de la même entreprise, effectue-t-il une série d'accompagnements d'équipes ou un seul coaching d'organisation ? Enfin, lorsque simultanément, un coach accompagne un grand groupe de cent personnes, toutes membres d'équipes diverses, issues de la même organisation, est-ce là du coaching d'organisation et dans quelles conditions? La définition du terme pourrait gagner en précision.

- **NOTE** : Lorsque nous utilisons le terme de coaching systémique, il serait utile de préciser s'il s'agit de coaching systémique de personnes individuelles, de coaching systémique d'équipes ou encore de coaching systémique d'organisations.

Dans ce dernier cas, il s'agirait d'un coaching simultané d'un grand ensemble, par exemple de cent ou plus de participants tous issus de plusieurs équipes, toutes originaires d'une même entreprise, division, unité, etc.

Le qualificatif de systémique précise que quelque soit le niveau de complexité individuel ou collectif du client présent lors du coaching, il s'agit de l'accompagner en tenant compte de toutes les interfaces internes et avec son environnement plus large. Il s'ensuit que tout coaching systémique est par définition un coaching d'organisation, même autour d'un client unique, étant donné que cette démarche tient toujours activement compte de l'ensemble des interfaces avec l'ensemble de 'environnement pertinent du client individuel.

- **NOTE** : Le légendaire effet papillon (en fait une métaphore sans fondement mesurable) propose que l'univers entier pourrait être considéré comme un environnement pertinent affecté par le battement d'une aile d'un insecte quelconque. Si tout est un, tout est en effet intimement lié.

Cette réflexion sur les termes de coaching systémique ou d'organisation n'est pas aussi anodine que l'on puisse le croire à première vue. C'est ce qui sera démontré au fil des cas présentés ici. Certains d'entre eux illustrent par exemple ce qui différencie le coaching d'individus en entreprise, du coaching systémique d'individus en entreprise :

- Dans le premier cas, la personne en relation de coaching est accompagnée en vue d'accomplir les objectifs ou résultats définis la concernant, en faisant presque abstraction de son contexte. Il s'agit là de coaching de comportements, de gestion du temps, d'efficacité personnelle, de carrière, de style de management, de transition de poste, etc.
- Dans le second, c'est fondamentalement l'entreprise qui est accompagnée à travers le coaching d'une personne prétexte, afin d'accomplir les objectifs ou résultats attendus de cette dernière, tout en visant un effet sur l'évolution de l'ensemble.

EXEMPLES :
- Dans un contexte de contrat tripartite, il est possible de réunir plusieurs personnes afin de clarifier ce qui serait attendu d'une démarche de coaching auprès d'une d'entre elles, le client désigné, quelquefois appelé le « coaché », ou alors,
- Il est possible de réunir ces mêmes personnes pour accompagner l'ensemble dans la définition et mise en œuvre de ce que chacune d'entre elles peut faire de différent pour mieux assurer la réalisation des résultats attendus de l'une d'entre elles, le client

désigné.

Dans le premier cas, seul le client désigné sera considéré comme engagé au sein d'un processus de coaching et responsable de changements, alors que dans le second, toutes les personnes consultées le sont pour envisager de participer au changement, et sont considérées comme accompagnées par le coach.

- **NOTE** : Lorsqu'un coach systémique ou coach d'organisation rencontre n'importe quel représentant individuel ou collectif d'un système, il considère qu'elles font toutes partie intégrante du système. Toutes ces rencontres pourraient donner lieu à des échanges de type coaching, menant à des plans d'actions concrets, à même de modifier l'équilibre collectif.

Par conséquent, que ce soit de façon officielle ou officieuse, le coach systémique ou coach d'organisation ne limite aucunement son accompagnement professionnel aux seules rencontres avec un client désigné.

Concrètement, lorsqu'un coach systémique rencontre un RH ou hiérarchique en vue d'accompagner une tierce personne, ce coach posera à son interlocuteur une série de questions relatives aux stratégies indirectes et aux actions directes que ce RH ou hiérarchique peut mettre en œuvre afin d'assurer la réussite de la tierce personne, le client désigné.

EXEMPLES :
- A supposer que vous décidiez de ne pas faire appel à un coach, mais plutôt d'accompagner cette personne voire cette situation vous-même, que feriez vous pour réellement assurer sa réussite à long terme ?
- De quel type de soutien de votre part pourrait avantageusement bénéficier la personne que vous me demandez d'accompagner ?
- Afin de vraiment réussir, de quel type de soutien est-ce que cette personne pourrait mieux bénéficier de la part de son environnement direct ? de ses collaborateurs ? de sa hiérarchie immédiate ?
- Si cette personne décidait de démissionner de son poste ou décidait de postuler ailleurs, quelles en seraient les conséquences négatives pour son service ? Pour la RH ? Pour votre entreprise ?
- A supposer que ce coaching ait lieu et soit une réussite, qui pourrait devenir la prochaine cible de coaching, au sein de la même équipe ?

- Comment la nécessité de cette action de coaching effectuée par un fournisseur externe peut elle illustrer les limites implicites du service, du suivi hiérarchique, ou du département RH ? Comment cette exportation de la solution vers un coach externe pourrait-elle conforter un évitement de responsabilité interne ?

De façon plus large encore, lorsqu'un coach systémique rencontre un responsable hiérarchique ou RH, ou une assistante, ou un collaborateur indirect, etc. en vue d'accompagner un client désigné, il posera à cet interlocuteur une série de questions relatives aux stratégies indirectes et actions directes que ce dernier pourrait mettre en œuvre afin d'assurer la réussite du collaborateur désigné comme client à « coacher ».

EXEMPLES :
- Si vous ne faisiez pas appel à un coach, qu'est-ce que vous pourriez faire vous même, afin d'assurer la réussite de cette personne ?
- De quel soutiens personnels ou opérationnels cette personne pourrait avantageusement profiter, venant des autres membres de l'équipe ?
- Si votre attention n'était pas centrée sur cette situation ou personne, quelle serait une action mobilisatrice sur laquelle toute l'équipe pourrait se centrer ?
- Quels sont les membres de l'équipe qui auraient avantage à ce qu'une personne de l'équipe ait des difficultés, afin d'attirer votre attention ou de vous occuper ?
- Si cette personne venait à quitter votre équipe, quels en seraient les avantages ? Quels en seraient les inconvénients ? Qui d'autre pourrait assurer sa tâche avec succès ?
- Si cette personne partait, qui pourrait prendre le relais en manifestant à son tour un besoin d'attention, ou des difficultés ?

Lorsqu'un coach systémique rencontre toutes autres personnes, qu'il s'agisse d'une assistante ou d'un collaborateur indirect, de façon provoquée ou fortuite, il posera encore des questions relatives aux stratégies générales et actions spécifiques que ces dernières pourraient mettre en œuvre pour assurer la réussite du client désigné.

EXEMPLES :
- D'après vous, qui sont les préférés dans ce service ? Qui sont les laissés pour compte ? Que pourriez vous faire pour rééquilibrer la situation ?

- Si vous vouliez soutenir le client désigné pour une action de coaching, que feriez-vous afin d'assurer sa réussite, que vous lui conseillerez-vous ?
- Quelles seraient, à part vous, une ou plusieurs autres personnes qui pourraient vraiment l'aider à réussir ?
- Avant mon client en coaching, qui attirait le même genre d'attention dans le service ? Qu'est-il devenu?
- S'il n'était pas là ou s'il quittait le service, qui prendra sa place centrale, d'après vous ?
- Si tout le monde dans l'équipe était vraiment centré sur l'obtention de bien meilleurs résultats, quel pourcentage d'évolution cette équipe pourrait-elle encore développer ?
- Etc.

Constatez que lorsqu'une personne est désignée comme bénéficiaire d'un accompagnement en coaching au sein d'une organisation, cette organisation considère souvent que c'est elle et elle seule qui doit bénéficier de l'expertise du coach. Tous les rendez-vous accessoires avec d'autres personnes comme avec la RH, le ou les hiérarchiques et autres acteurs pertinents ne sont alors considérés que comme des rendez-vous de préparation, non rémunérés. Cela illustre que l'organisation ne considère pas ces autres personnes comme autant concernées par la réussite d'un des leurs.

- **NOTE** : En général, l'entreprise considère que tous ces rendez-vous sont accessoires ou périphériques. Ils sont utiles pour que le coach puisse mener sa mission à bien, telle qu'ils l'entendent. Les informations ainsi recueillies lui permettront de bien comprendre la situation telle que l'entreprise la définit.

Il s'agit bien trop souvent (et c'est normal) d'inclure le coach au sein du cadre de référence de l'entreprise, voire de le diriger. Pour l'entreprise, le coach ne doit surtout pas déséquilibrer le système à travers la remise en question des autres acteurs. Clairement, pour eux, le coach doit se limiter au traitement du symptôme désigné. Bien entendu dans ce cas de figure, l'entreprise ne cherche surtout pas à bénéficier d'un coaching systémique ni d'un coaching d'organisation.

- Paradoxalement, même lorsqu'il s'agit de coaching systémique auprès d'un individu, ce sont toutes les rencontres considérées comme préparatoires, accessoires ou périphériques avec le coach systémique qui sont sujette à des relations de coaching, que cela soit fait de façon officielle ou officieuse.

- Le coach intervient de façon à aider toutes les personnes qu'il rencontre à réfléchir autrement au rôle qu'ils jouent au sein du système en général, et avec le client désigné en particulier.
- Pour ce faire, il cherche à provoquer le plus de rencontres possibles, à deux, à trois, ou plus. Avec toutes les personnes qui pourraient influencer de façon pertinente les résultats du client désigné, et les résultats de son environnement professionnel plus large.
- Idéalement, un contrat de coaching systémique pourrait inclure jusqu'à quinze ou vingt rencontres ou rendez-vous, dont une grande majorité serait utilisé pour rencontrer des personnes autres que le client désigné.

Ainsi un client désigné au sein d'un système peut servir d'excuse ou de prétexte permettant au coach systémique ou coach d'organisation de provoquer de nouvelles réflexions et actions auprès de nombreuses personnes au sein de son environnement plus large. Avec chacun de ces acteurs périphériques, le coach systémique se sert du client « prétexte » comme raison sous jacente de tous ses challenges: « Que pouvez vous changer dans ce que *vous* faites pour assurer la réussite du (client désigné) ? »

Rappelons le ici, le coaching d'organisations et le coaching systémique sont deux appellations qui vont dans le même sens. Dans les deux cas, toutes les actions du coach n'ont de sens que si elles s'adressent prioritairement à l'évolution du système entier, même si c'est à travers une demande concernant un client individuellement désigné.

- **NOTE** : En coaching d'organisation, toute demande de coaching de personnes, d'équipes, ou d'ensembles plus larges ne change rien au fait que c'est la transformation de l'organisation toute entière qui est visée par chacune des rencontres, interventions et actions du coach systémique.

Une demande visant une cible restreinte peut ainsi servir à traiter l'évolution de l'ensemble environnant, dans un changement de perspective et dans la recherche d'options inattendues. Par conséquent, la dimension stratégique du coach systémique prend systématiquement le dessus sur le traitement de problèmes ponctuels, de cas précis, de symptômes locaux, de projets immédiats, de personnes précises. Ni plus ni moins, le coach systémique ne vise toujours que l'évolution de l'ensemble du système.

CAS 8 : Un « flash coaching »

Considérez l'appel téléphonique impromptu d'une PDG à un coach : « Êtes-vous disponible ? J'ai un problème vraiment urgent. " Le coach répond immédiatement : « Oui, j'ai quelques minutes. Allons-y ! »

Le prospect dit ensuite qu'elle profite d'une courte pause au cours d'une réunion inefficace et manifestement bloquée, visant à finaliser une fusion vitale entre son entreprise et une autre organisation très complémentaire. Elle se met ensuite à décrire comment et pourquoi tout le monde se retrouve coincé dans de multiples impasse. Dans les deux premières minutes de descriptions détaillées de la cliente, et afin de l'amener immédiatement à son but, le coach demande d'abord s'il peut l'interrompre, attend l'accord, ajoute quelques secondes de plus pour préparer sa question, puis la sert :

- _" Si vous et votre entreprise partenaire prépariez votre mariage... une fusion est l'équivalent d'un mariage... comment vous assureriez-vous que chacun reste centré sur son objectif essentiel, sa finalité profonde en tant que partenaire - c'est à dire sur l'avenir que ce que vous voulez construire ensemble ? "

La cliente interrompue est d'abord resté silencieuse comme sous un choc, puis a prononcé : « OK. Merci. Je dois partir. Je vous rappellerai ». Elle prit une profonde inspiration, raccrocha et retourna à sa réunion.

Cette question de coaching repose sur une analogie intuitive, immédiatement évidente : une fusion entre deux entreprises est la métaphore corporative d'un mariage entre deux personnes voire deux familles. Ils ont un but commun : s'unir pour construire un avenir positif et motivant, à vie !

L'interruption immédiate du coaching a principalement servi à stopper instantanément l'histoire détaillée du client. La question suivante a aidé rapidement la cliente à réorganiser sa difficile réalité dans un cadre de référence métaphoriquement significatif.

Intuitivement vu le silence du client, le coach a considéré que cette session de flash coaching était techniquement terminée. En effet :

- Le changement de cadre de référence du client s'est produit dans les premières minutes de la courte conversation de coaching, sans préparation préalable.
- L'intervention du coach a instantanément coupé le lourd contenu présenté par le client.

En termes de masse client, considérez que cette cliente connaissait déjà suffisamment bien sa situation et aurait très probablement pu partager des détails importants pendant des heures, déchargeant la frustration correspondante. Ce lourd contenu informationnel et émotionnel du client est l'équivalent de ce que l'on appelle la masse du client ».

- La stratégie instantanément interruptive du coach a réussi à changer presque magiquement les perspectives de la cliente et déplacer immédiatement son énergie, pour l'aider à se concentrer sur la finalité qu'elle envisageait de servir et les stratégies appropriées pour réaliser cet avenir partagé.

En termes de suivi de ce cas, quelques jours plus tard, la cliente a initié un autre appel impromptu au cours duquel elle a partagé des progrès satisfaisants, des accrocs et des ajustements mineurs. Le coach n'a pas fait grand-chose de plus, mais a félicité la cliente d'avoir si bien progressé, disant parfois : « Bien... vous savez déjà quoi faire. »

Trois semaines plus tard, un troisième dialogue plus long et plus calme a officiellement mis fin à la situation de crise pour la cliente et a plus officiellement clôturé la séquence de flash coaching. Au cours de cet appel final, le coach a par ailleurs demandé à la PDG combien il devait lui facturer le service de coaching. Elle a immédiatement répondu : « Votre prix est le mien. Envoyez-nous simplement votre facture. »

De toute évidence, en termes de coaching formel, l'exemple réel ci-dessus n'est absolument pas orthodoxe ; surtout si l'on veut respecter les procedures contractuelles formelles enseignés dans les écoles de coaching et activement soutenus par toutes les associations professionnelles. Arrêtons-nous cependant pour considérer les éléments suivants :

- Bien qu'étalé sur trois appels, le principal processus de transformation s'est déroulé en quelques minutes, au cours de la première conversation de cinq à dix minutes entre le coach et la cliente.

Le second appel était en fait un suivi simple et bref de partage de détails pratiques, et le troisième une conversation plus banale qui a servi à valider et à conclure sur un contrat. C'était un processus d'accompagnement de coaching systémique totalement improvisé ou émergeant. Cet exemple d'une expérience de flash coaching réel et réussi mérite une certaine considération.

- Dès que le coach s'est rendu disponible et a dit « Allons-y », le prospect qui appelait est devenu instantanément un client activement accueilli. Cette disponibilité immédiate n'a pas de prix pour les chefs d'entreprise véritablement actifs.

Conformément à la réactivité immédiate du coach axée sur l'obtention instantanée de résultats, il n'y a eu aucun entretien préliminaire pour se rencontrer physiquement afin d'organiser un processus de coaching structuré. En conséquence :

- Le coach n'a pas été invité à passer par un processus interne d'achat, de sélection et d'administration.
- Il n'y avait aucun contrat écrit à signer, aucune évaluation formelle pour démontrer la réalisation future de résultats mesurables, pas de réunions tripartites pour aplanir les contextes politiques, ou plus tard conclure la démarche de façon officielle, etc.
- Le coach et la cliente PDG sont immédiatement rendus compétents pour passer rapidement à une accélération orientée-solution.
- Lors du premier appel, la cliente entrepreneuriale très réactive s'est très rapidement centrée sur son objectif, pour atteindre ce qu'elle percevait comme une valeur ajoutée extraordinairement tangible et nécessaire.

Soyez assurés que la facture de ce coach de haut niveau n'a même pas été discutée. Lorsque le sujet a été approché, la cliente savait déjà ce qu'elle avait acheté. Elle tenait déjà ses résultats très tangibles et mesurables. En effet, comment monétiser la valeur ajoutée d'un processus de flash coaching qui permet à un client de se centrer instantanément, de gagner des millions à court terme et de multiplier de façon exponentielle son potentiels de résultats dans le temps ?

Bien que la cliente connaissait le coach grâce à un autre processus de coaching professionnel qui avait eu lieu des années auparavant, cet événement concernait une entreprise totalement différente avec laquelle le coach n'avait eu aucun contact préalable, aucune préparation informationnelle sur le contexte. En d'autres termes, aucune masse client. C'était probablement un facteur déterminant dans la capacité du coach à réagir à une vitesse fulgurante. À la suite de ces trois courts appels, il n'y a plus eu aucune autre conversation ou événement de suivi axé sur l'accompagnement du même problème. On peut, cependant, très probablement parier que ce client gardera le numéro de téléphone de ce coach à portée de main.

Notez à nouveau que l'exemple ci-dessus ne montre pas beaucoup de respect pour les procédures de coach acceptées telles que les contrats méticuleux, la planification des actions et un certain nombre d'autres processus de structuration, de protection et de contrôle plus formels. Les méthodes souvent définies par les écoles de coaching, les associations professionnelles, les contrôles internes RH, les procédures des services achat, etc. ne sont pas abordés ici.

- **ATTENTION :** Cette dernière observation ne signifie pas que le coaching systémique quantique en fait un point d'honneur à éviter un coaching professionnel et des directives contractuelles organisationnelles, aussi très utiles.

Bien au contraire, le coaching systémique vise simplement à obtenir des résultats extraordinaires en favorisant l'immédiateté fulgurante, en transformant la perspective du client et l'envoyer dans une dimension axée sur des solutions immédiates.

Cependant, de toute évidence, un processus de coaching fluide aussi intensément réactif, immédiatement axé sur une efficacité client instantanée nécessite un changement complet de cadre de référence du coach.

Certains coachs systémiques débutants expriment une croyance limitante, inhérente à la vieille école. Comment un coach peut-il gagner sa vie décemment en facturant des séquences téléphoniques de dix minutes de flash coaching ? C'est ne pas tenir pas compte que ce qui coûte le plus, au-dessus d'un plafond de verre, c'est le temps entrepreneurial du PDG. Par conséquent, si un coach est immédiatement disponible et sait accompagner la résolution de problèmes de clients en dix minutes, ce service n'a pas de prix. Considérons en effet un business-modèle de coach systémique quantique compétent.

- Un coach systémique quantique bien formé peut être totalement disponible pour dix PDG, 24h sur 24 et 7jours sur 7, ceci pendant une année complète, pour des appels de flash coaching impromptus qui durent généralement de 10 à 15 minutes. Prix par PDG 25 000. Revenus provenant uniquement de cette activité : 250 000

Bien sûr, un tel modèle d'entreprise de coaching systémique repose sur un paradigme professionnel totalement différent et sur un certain nombre de pré-requis contextuels. L'un d'eux est la formation solide du coach, basée sur des heures de pratique comportementale.

CAS 9 : Le coaching court

Le PDG et propriétaire majoritaire d'une PME dans le secteur des services aux entreprises reçoit un coach pour se faire accompagner, afin d'opérer une transition à la fois personnelle et professionnelle. Abordant la quarantaine il se rend compte que depuis quelques années, il porte son entreprise à bout de bras. Il perçoit clairement qu'il est entouré d'experts très compétents qui chacun fait bien son travail de spécialiste mais sans vraiment s'investir pour participer à la construction d'une dynamique plus efficace et collective.

Le coach demande au PDG s'il serait ouvert à d'autres options. Par exemple, serait-il envisageable d'accompagner l'ensemble de l'équipe de direction en coaching d'équipe ? Cette action pourrait être centrée sur le développement d'une place plus active pour chacun dans la création d'un ensemble beaucoup plus collaboratif... Très clairement, ce type d'option semble ne pas convenir. Cette approche collective demanderait un investissement de constitution d'équipe de sa part, et il dit en avoir déjà assez. Il veut traiter son problème personnel plus rapidement.

- **NOTE** : Paradoxalement, plus un client veut résoudre un problème rapidement, moins il le pose au bon endroit, et plus sa résolution pourrait prendre des années.

Le coach propose alors une démarche de coaching sur quatre rendez-vous d'une heure. Etonnamment, le client trouve cette durée ridiculement courte. Il dit que cela fait déjà longtemps qu'il étudie son problème et n'arrive pas à trouver de solution satisfaisante et que ce n'est pas en quatre sessions d'une heure qu'il trouvera de solution. Le coach dit alors qu'il sera toujours possible d'ajouter une rallonge si celle-ci se révèle nécessaire. En effet, un premier contrat de quatre heures n'est pas enfermant. Au mieux, il pourrait même s'avérer suffisant. Le client accepte.

- **NOTE** : Il est utile de considérer que tout travail prend le temps (et les moyens) qu'on lui accorde, et quelquefois un peu plus. Par conséquent, un travail d'accompagnement en coaching peut prendre au choix, dix minutes (coaching flash) six heures, six semaines, ou encore six mois. Plus le client, voire le coach, prend son temps, plus son (leur) confort est important.

Dans la situation de ce client, il pourrait sembler que l'objectif réel d'un coaching de longue durée est de faire plus de place, de lui permettre encore un peu plus de tergiversations. Il est même possible de concevoir que si le client était vraiment décidé, il aurait déjà tranché et résolu son problème depuis déjà bien longtemps.

- **NOTE** : Seul le report nécessite beaucoup de temps. Le reste peut se faire instantanément.

Lors du premier rendez-vous, le client commence par dresser un tableau détaillé de sa situation professionnelle et de ses sentiments de lassitude. Il explique que le développement externe de sa société est très fortement dépendante de son aura personnelle et qu'il transforme bien son portefeuille de contacts en contrats de production. En interne aussi, chacun des collaborateurs dépend de lui pour avoir du travail et justifier de son salaire, fortement indexé sur sa propre production. Chaque contrat est ainsi délégué à un des experts qui le traite individuellement. Personne n'a vraiment avantage à déléguer ou à travailler en collaboration avec d'autres.

Foncièrement, cet entrepreneur-PDG souhaite soit que ses collaborateurs apprennent à mieux travailler ensemble, soit à tout vendre afin de complètement changer de vie. Il avoue avoir un rêve : Il est fortement tenté de retourner dans sa ville de province pour y devenir enseignant, et se recentrer sur sa vie de famille. Il veut passer plus de temps avec ses enfants qu'il n'a pas vraiment vu grandir.

- « Puis-je vous interrompre ? dit le coach. Il attendit l'acquiescement du client, et quelques secondes en plus. Le client accorda toute son attention, un peu sur l'expectative. Jusque là, ce client ne racontait que ce qu'il savait déjà. L'interruption était presque un soulagement.
- « Pour revenir à votre souci principal, j'ai une intuition que je souhaite partager, si vous le permettez. » Et le coach attendit encore l'acquiescement du client et quelques secondes supplémentaires.

> • **NOTE** : De la part du coach, ce type de demande de permission suivi d'un silence sert à aider le client à bien lâcher son cadre de référence.

Il est très utile de bien prendre son temps, de bien insérer des silences, avant de servir une question, une reformulation, une perception ou une intuition. Si un coach interrompt le client pour lui proposer trop rapidement une nouvelle perspective, le client est souvent encore trop concentré sur ce qui le préoccupe pour vraiment entendre et envisager du nouveau.

- « J'ai peut être tort... mais j'ai la forte impression que votre décision est déjà prise... Vous savez exactement ce que vous voulez... Ce qui vous ennuie le plus, c'est d'avoir à faire face à aux conséquences de votre décision. »
Subitement silencieux, le client ne réagit pas... mais au bout d'une minute, il esquisse un sourire.

> • **NOTE** : Par le biais d'une interruption, d'une question, d'une re formulation ou de tout autre partage de sentiment, d'intuition, etc. le but du coach est toujours de provoquer le silence de son client.

Un client qui parle sans largement ponctuer son discours de silences ne fait souvent que raconter ce qu'il sait déjà. Ceci faisant, il ne fait que renforcer son cadre de référence déjà bien établi, ses perspectives déjà bien ancrées.

- « Qui plus est… si vous le permettez… sachant que vous êtes un opérationnel très compétent, je pense que vous êtes tout à fait capable de très bien gérer toutes les conséquences de votre décision. »

- **NOTE** : Les deux interventions du coach reposent sur un présupposé qui fait partie du cadre de référence du coaching. Le client sait ce qu'il veut, il est capable et compétent. La question que l'on peut se poser est alors pourquoi diable fait-il appel à un coach ?

Si l'on considère que le client souhaitait entreprendre un accompagnement bien plus long que quatre séances, il est possible d'envisager que le but principal d'un coaching, c'est que la démarche serve surtout à reporter à plus tard ce qu'il savait, et qu'il souhaitait.

- **NOTE** : Dans ce sens, les sessions les plus importantes en coaching sont souvent la première et la dernière. Toutes les autres sessions ne servent souvent qu'à reporter ou temporiser.

Les nombreuses séances intermédiaires servent souvent à dérouler des outils et autres techniques telles des 360° et autres MBTI ou méthodes fétiches qui ont plus à voir avec le cadre de référence du coach qu'avec le résultat mesurable que souhaite atteindre le client.

Pour en revenir à notre client, il prit conscience qu'un certain nombre de ses collaborateurs n'étaient pas du tout à leur place. Ils étaient de bons techniciens, ce qui leur permettait de se présenter comme des seniors auprès de la clientèle. Mais de fait, en interne, ils n'étaient que des juniors, vivant sous l'emprise d'une importante dépendance commerciale et administrative. Il décida que soit ils acceptaient une modification de leur statut et de leur système de rémunération, soit il s'en séparerait.

Avant la fin de la séance, il décida d'annoncer à l'équipe la liste des changements structurels qu'il envisageait de faire, et établit un ordre de priorité afin de renégocier un à un les contrats avec chacun des collaborateurs.

Un mois plus tard lors du rendez-vous suivant, le client raconta une coïncidence étonnante. Suite au premier rendez-vous, alors qu'il n'avait pas encore commencé à mettre en œuvre ses décisions, son assistante de direction qui l'avait accompagné depuis quinze ans était venue lui annoncer qu'elle voulait prendre sa retraite avant la fin de l'année. Elle annonça que si c'était indispensable, elle pourrait rester encore une ou deux années de plus, mais qu'au fond, elle souhaitait partir rapidement.

Alors qu'elle n'était même pas sur sa liste prioritaire et qu'elle n'était aucunement informée de la restructuration en cours, sa collaboratrice la plus ancienne et la plus fidèle prenait les devant pour faire place au renouveau ! De plus, ses motivations pour quitter la société ressemblaient fortement à celles qui poussaient son patron a tout restructurer ou vendre. Le client dit que cette coïncidence l'avait conforté dans ses choix et stimulé sa détermination de rapidement passer à l'action.

En fait, le deuxième rendez-vous ne fut qu'une revue des actions mises en œuvre et décidées lors de la première rencontre. Le client savait très bien mettre en œuvre tous les changements nécessaires, et les traitait avec méthode et détermination, l'un après l'autre.

Le troisième rendez-vous eut une tonalité presque similaire. Le coach dit alors au client : « Heureusement que nous n'avons signé que pour quatre sessions, vu que l'on aurait pu n'en faire que deux ». Le client s'étonna des changements qu'il réussit à mettre en œuvre en deux mois, alors qu'il n'avait fait que les reporter pendant les deux années précédentes.

- **NOTE** : Si un prospect en coaching souhaite vraiment résoudre un problème ou opérer un changement, il le fait.

Si un cadre ou une équipe de direction souhaite reporter des décisions évidentes, une bonne stratégie consiste à mener une enquête préalable, à passer une commande auprès d'un cabinet conseil pour effectuer une étude approfondie, ou encore à entamer une longue démarche de coaching, sur dix à vingt sessions étalées sur un an.

Paradoxalement, auprès d'un public non averti, ces stratégies de procrastination présentées sous forme de doutes et de besoin d'analyses semblent plutôt faire preuve d'un très haut degré de professionnalisme face à une complexité difficile à saisir.

- **NOTE** : A l'analyse, l'analyse sert surtout à reporter.

Nous pourrions en conclure hâtivement que si un accompagnement par du coaching est quelquefois utile, voire nécessaire, plus il est court, plus il est efficace. Mais toutes les démarches de coaching ne sont pas nécessairement courtes.

CAS 10 : L'espace du coaching

Au début d'une session de coaching, un coach demande poliment à son client de choisir de s'asseoir sur l'une des deux chaises disponibles. Se déplaçant lentement et pensant déjà à son problème de coaching, le client reconnaît à peine l'invitation du coach. Il saisit l'un des sièges, le fait reculer de quelques centimètres, puis le fait avancer, puis reculer de nouveau, et enfin s'assied, et en avançant à nouveau légèrement la chaise. Il lève ensuite les yeux vers le coach observateur, attendant qu'il s'assoie face à lui et commence la séance.

Se saisissant des mouvements préliminaires apparemment innocents de ce client, le coach toujours debout dit : - « Avant de commencer, en vous observant déplacer les chaises, il semble que vous essayez de régler avec précision ce qui pourrait être la bonne distance, peut-être entre nous, et peut-être dans une autre relation qui vous préoccupe. Je me demande ce que c'est. »[7]

Après un instant de surprise, le client entrepreneur a expliqué le nœud de son problème : il avait récemment recruté un nouveau directeur général pour manager l'une de ses entreprises. Comme il avait auparavant managé en direct les opérations de cette entreprise, il cherchait la bonne distance de délégation et était assez hésitant.

Il savait que pour réussir la transition du directeur d'exploitation, il devait prendre de la distance et laisser au nouvel arrivant un vaste espace. Il savait également que le nouveau venu ne connaissait pas grand-chose des spécificités de l'entreprise et du marché. Le succès reposerait donc également sur le soutien approprié du nouveau venu pendant une période de tutorat temporaire, mais en lui laissant suffisamment de place. Par conséquent, pour cet entrepreneur, trouver la distance de management appropriée avec cette nouvelle recrue n'était pas été facile.

Il pourrait formuler ce qu'il a vécu comme une forme de double contrainte : « Si je lâche trop, nous ne réussirons pas, et si je ne lâche pas assez, nous ne réussirons pas. » La question était donc de savoir comment affiner la bonne distance entre les partenaires, à la fois ici entre les partenaires de la séance de coaching et dans sa réalité d'entreprise.

Dans ce cas réel, le coach encore debout a aussi l'option de proposer une stratégie ici et maintenant évoquée par ailleurs. Il peut immédiatement suggérer au client de s'adresser directement au nouveau chef des opérations comme si cette dernière était assise dans la chaise vide face à lui.

: - « Pouvez-vous dire à votre directeur général que ce que vous proposez pourrait être un excellent moyen de collaborer pendant votre période de transition partagée, jusqu'à ce qu'elle devienne pleinement opérationnelle ? »

- **REMARQUE :** ce cas montre que pour un coach systémique, tout ce qui se passe avant, pendant, après et autour d'une séquence, d'une session, d'une relation ou d'un contrat de coaching, fournit des indications précises, des modèles fractals partagés à plusieurs niveaux : à la fois en ce qui concerne le problème du client, et dans la relation coach-client.

Dans le cas, par exemple, ce coach était aussi professionnellement soucieux de garder une distance professionnelle saine avec ce nouveau client plutôt séduisant : ni trop proche ni trop éloigné. Par conséquent, un coach systémique est toujours particulièrement attentif à tous les détails du contexte, des séquences, événements et comportements, de la linguistique, des interruptions, interactions, etc. Tout ce qui est apparemment anodin, qui peuvent précéder, accompagner et suivre des séquences, des sessions ou des relations de coaching est à priori significatif. Ils peuvent tous fournir des détails utiles qui éclaireront de manière pertinente leurs préoccupations au sein de fractales communes.

- **REMARQUE :** Tout événement apparemment accessoire ou aléatoire qui s'insère dans une relation coach-client est reconnu par les coachs systémiques comme des expressions fractales significatives qui transmettent un sens pertinent.

Toutes les occurrences partagées par le coach et le client transmettent un sens et révèlent des schémas qui s'appliquent au cadre de référence du client, au thème du client, à la relation coach-client et très probablement à d'autres enjeux superficiellement déconnectés du coach et du client dans leurs vies apparemment séparées.

- Dans l'exemple ci-dessus, lors du déplacement des chaises, le client ignore consciemment que ses mains expriment physiquement le thème présent au sein de ses synapses. Ici, cependant, on peut facilement considérer l'existence d'une relation causale évidente.
- Le client reproduit également son problème ou sa préoccupation en le transposant dans la relation avec le coach. Il illustre simultanément qu'il souhaite établir une bonne distance, ici et maintenant dans le contexte du coaching.
- De toute évidence, le coach a aussi une préoccupation équivalente : comment accompagner ce client vers la réalisation d'un objectif affiché en respectant totalement l'espace, l'énergie et l'appropriation du client, tout en étant utile.

Pour tout coach en effet, quelle est exactement la distance coach-client appropriée ? Comment peut-on à la fois accompagner convenablement et rester à l'écart ? D'autres insertions accidentelles peuvent s'infiltrer dans l'espace du coaching lorsque les différences et les préférences de genre se voient offrir une chance de s'exprimer.

Incidemment, il se trouve que le PDG ci-dessus avait choisi une femme Directeur Général pour occuper son ancien poste opérationnel. Par conséquent, des schémas fractals très similaires sont repris comme une préoccupation générale du coach, comme une préoccupation dans cette relation spécifique coach-client, et comme une préoccupation du client dans un problème de distance avec son Directeur Général sinon avec son coach. Cette reproduction fractale peut être étendue à d'autres domaines :

- Séparément, le coach pourrait également considérer qu'avec quelqu'un d'autre dans sa vie personnelle, il est également nécessaire d'établir la bonne distance.
- Séparément, le même problème de distance pourrait également être actif ailleurs dans la vie du client avec d'autres partenaires personnels et professionnels.

Pour résumer, les coachs systémiques sont conscients que les schémas comportementaux et les processus fractals ou holographiques se répercutent ou font écho dans tous les contextes coach-client. Ils sont beaucoup plus fréquents que les coïncidences occasionnelles, presque systématiques par rapport aux occurrences de synchronicité, généralement considérées comme des phénomènes exceptionnels.

- **REMARQUE :** En fait, pour un coach systémique quantique, les modèles fractals holographiques sont tissés dans la même étoffe que notre réalité quotidienne. Ce ne sont pas des événements occasionnels qui font occasionnellement surface dans notre réalité, ils sont la manière même dont la réalité se produit. Ce n'est pas parce que nous n'avons pas été formés à les percevoir qu'ils ne sont pas toujours là.

Notez à nouveau que de telles observations de modèles fractals émergents qui apparaissent à notre conscience avant, autour et pendant une séquence de coaching, comme dans tout nos quotidiens remettent sérieusement en question la réalité newtonienne. En effet, ce cadre de référence repose sur des événements clairement séparés, indépendants ou causaux qui émergent dans un espace linéaire physique, temporel ou visible.

CAS 11 : Un coaching individuel stratégique

Dans le domaine du marketing, un professionnel bien connu pour sa créativité, sa bonne capacité relationnelle et la performance de ces campagnes percutantes fut chassé et recruté par une grande entreprise quelque peu routinière voire frileuse dans ce domaine. Si son rôle officiel de responsable de produit était bien posé, le PDG de la société lui avait aussi confié une mission officieuse, plus inattendue. Pour ce dirigeant, le département marketing de la société comme l'ensemble des autres directions, semblait reposer sur ses lauriers, sûr d'une réussite relativement acquise, manifestant une attitude de plus en plus conservatrice.

Quoique le nouvel arrivant fut nommé à un poste relativement subalterne par rapport au comité de direction, le PDG lui avoua qu'il avait suivi son recrutement pour lui confier une mission un peu plus large et très importante à ses yeux. Il souhaitait que ce créatif utilise ses capacités innovantes en matière de communication externe de façon à bousculer les codes internes, l'aversion à toute prise de risque, le positionnement trop classique des produits, l'image générale de plus en plus vieillotte de l'entreprise. En somme, par le biais de sa fonction de communication externe sur un produit, la véritable mission de cette recrue était d'œuvrer à fondamentalement transformer la culture de l'entreprise. Alors qu'elle avait un profil foncièrement industriel, il s'agissait de l'accompagner dans son adaptation à l'ère numérique.

- **NOTE** : Lorsqu'une entreprise réussit à recruter un profil très différent du sien afin d'intégrer des compétences humaines qu'elle n'a pas en interne, elle fait ensuite tout son possible pour s'assurer que ces compétences ne puissent être mises en œuvre par la nouvelle recrue. La raison évoquée est toujours la même, il ne sait pas s'intégrer dans la culture de l'entreprise.

L'homme de marketing accepta le poste officiel en se disant qu'il réussirait la mission officieuse sans grand effort, ayant déjà plusieurs idées innovantes qui pourraient booster l'image presque banale du produit qu'il avait en charge. Il négocia aussi de pouvoir continuer un accompagnement avec un coach personnel, dans un partenariat déjà établi depuis nombreuses années.

Les premiers mois d'intégration ont été très difficiles. A chaque tentative de négocier de nouveaux moyens, d'insuffler un nouveau style, de faire passer un message original, de se servir de nouveaux supports de communication, de faire appel à des fournisseurs plus créatifs, de négocier une nouvelle ligne budgétaire, etc. la levée de boucliers rendait l'option impossible.

De toute évidence, le nouvel arrivant ne comprenait pas la culture de l'entreprise, il cherchait à tout détruire, il ne reconnaissait pas la valeur du passé, il voulait tout changer trop vite, etc. Alors que sa mission consistait à apporter un peu de modernité numérique au sein d'un système presque féodal, chacune de ses tentatives de passer à l'acte furent considérées comme des agressions irrecevables.

Le contrat avec son coach fut centré sur un accompagnement dans la recherche de stratégies efficaces qui permettraient à cette nouvelle recrue de remplir sa mission. Ceci alors qu'en deux mois, il était presque devenu l'homme à abattre. Cet accompagnement stratégique perdura sur des années. Un premier contrat comprenait une vingtaine d'heures d'accompagnement à raison d'un rendez-vous d'une à deux heures tous les 30 à 45 jours. Ce contrat fut prolongé à plusieurs reprises sur presque dix ans.

- **NOTE** : La question : « Quelle est la bonne durée d'un coaching ? » ne peut avoir de réponse. Un très bon coaching ponctuel peut durer aussi peu qu'une dizaine de minutes, comme un excellent coaching d'accompagnement stratégique pourrait ponctuer la carrière d'un client sur des années.

Un exemple de travail systémique est de demander au client de se faire une liste de dix personnes internes à l'organisation avec lesquelles une bonne alliance serait de la plus haute importance pour assurer la réussite de sa mission et de ses résultats. La stratégie consiste ensuite à accompagner le client dans le développement de solides stratégies d'alliance et de protection avec chacun de ces principaux alliés. Notez qu'au delà d'alliances relationnelles, il s'agit là de créer des solides interfaces opérationnelles capables d'assurer une meilleure réussite pour toutes les personnes concernées. Le même travail peut concerner la recherche ou la création de dix interfaces solides et performantes avec des personnes et entreprises externes à l'organisation. Ces alliés devraient aussi permettre au client de remplir sa mission de façon exceptionnelle.

- **NOTE** : Plutôt que centré sur un diagnostic de la personnalité du client et un accompagnement psychologique ou centré sur le développement de ses compétences techniques ou encore sur ses qualités de manager, le coaching systémique accompagne souvent les clients dans une meilleure gestion de toutes ses interfaces pertinentes avec son environnement de réussite. Cette approche permet d'atteindre des résultats mesurables - le premier enjeu de coaching - bien plus rapidement.

Dans le cas ci-dessus, au fil du temps et afin de complètement assurer sa mission, de nombreuses autres stratégies et plans d'actions concrets furent élaborées avec le coach :

- Il fallait prendre tout le monde de vitesse, garder l'initiative. A chaque fois qu'une innovation fut lancée dans un domaine, sur un support ou suivant une stratégie, une autre totalement inattendue et aussi innovante était programmée ailleurs, autrement. La résistance conservatrice fut rapidement débordée.
- Puisque toute demande de budgets ou moyens complémentaires était à priori refusée, le client chercha tous les moyens de s'auto financer, en ré-allouant les moyens acquis, en cherchant à faire au moins cher, justement par le net, en utilisant des stratégies virales.
- De nombreuses relations improbables mais directes furent consolidées de façon personnelle à travers l'entreprise : avec des acteurs clés dans les usines pour innover au sein de la production et dans les processus d'emballages, dans la recherche, dans le réseau de distribution, dans la direction RH et la formation, dans la communications interne et externe, dans les services centrés sur l'écologie, le pérenne et la responsabilité sociale, dans les agences

externes de communication, dans les magazines de professionnels, dans des universités etc.
- Un grand soin fut apporté à la construction de dossiers solides, bien étayés par des chiffres, surtout pour ce qui concernait la progression des résultats de vente. Il fallait à chaque pas réussir à illustrer sinon prouver de façon incontournable que les innovations avaient une influence sur l'évolution des résultats opérationnels. Le marketing plus traditionnel de l'entreprise était ainsi poussé à devenir moins idéologique et plus contributeur aux résultats.
- Paradoxalement, plus les résultats parlaient d'eux mêmes, plus ce responsable de produit reposait ses présentations sur un socle de position basse, de modestie, en affichant une difficulté à prouver des liens de cause à effet, en présentant des circonstances atténuantes pour excuser ses succès trop fulgurants, en soulignant ses quelques retards et difficultés périphériques. Il ne fallait surtout pas qu'il soit perçu comme donneur de leçons ou arrogant.
- Au sein de l'entreprise, il investit beaucoup de temps à faire des conférences, concevoir des supports de formation, participer à des réunions avec les commerciaux, etc. pour expliquer de façon large l'esprit et la cohérence des nouvelles campagnes innovantes.
- A chaque occasion publique et en privé, il félicita ses partenaires et réfractaires pour souligner leur contribution positive, ceci afin de mettre en lumière leur participation à une réussite collective, sans jamais tirer la couverture à lui.
- De nombreuses actions de communication furent aussi menées à l'extérieur, au sein d'écoles, de congrès professionnels, de colloques de spécialistes, de journaux suivant les grandes tendances, pour mettre en lumière la dimension innovante de son entreprise, preuves à l'appui.

Tout ceci servit à atteindre ses objectifs, remplir sa mission, et à mettre les critiques en minorité, à contre-courant. Tambour battant, l'ensemble de ces actions furent menées presque de front, tout en déroulant une série de campagnes sur le produit, puis sur la gamme de produits, au niveau national puis international, en allumant des feux innovants dans toutes les dimensions possibles.

- **NOTE** : Lors d'un tel coaching d'accompagnement stratégique, la durée de chaque séance, et le rythme entre les séances peuvent varier du simple au triple. Les modalités et lieux de rendez-vous comme les modes de communication peuvent souvent changer pour s'adapter aux aléas de l'évolution du contexte du client.

Chaque urgence fut traitée par une conversation téléphonique ou par Skype, des points d'étape furent faits lors de déjeuners en restaurant ou dans des cafés de quartier, des rencontres à plusieurs furent organisées dans diverses salles de réunion, et plusieurs accompagnements collectifs ou d'équipe furent effectués en résidentiel dans divers lieux de retraite, en France et à l'étranger pour des équipes internationales.

- **NOTE** : Il est souvent affirmé qu'il vaut mieux ne pas accompagner à la fois un client individuel, comme par exemple un directeur de département et aussi son équipe. Pareillement, il est répété qu'il vaut mieux ne jamais accompagner en coaching individuel plusieurs personnes appartenant à la même équipe. Le mélange niveaux de types de coaching et divers conflits d'intérêts pourrait nuire à la neutralité de la démarche vis à vis des différents niveaux de clients.

Il est clair que lorsqu'un coach est impliqué dans un réseau complexe de différentes relations, cela peut poser des cas de conflits d'intérêt. Ce point de vue a un sens si l'on considère que le coaching est surtout centré sur l'accompagnement de jeux d'équilibres relationnels au sein de systèmes foncièrement compétitifs voire politiques. Comment, en effet, bien accompagner les objectifs individuels d'un patron et ceux de son équipe, si les enjeux de ces derniers sont en opposition frontale ? Comment bien accompagner plusieurs personnes au sein d'un même système si elles sont en compétition exclusive ou en guerre ouverte, sans aucune possibilité de concession ? Cela équivaudrait à vendre des armes mutuellement destructrices à toutes les parties prenantes d'une guerre ouverte.

- **NOTE** : Le coaching systémique n'accompagne pas les intérêts d'une personne contre les intérêts d'autres individus au sein de son système environnant. Le coaching systémique accompagne l'ensemble d'un système à travers ses divers représentants. Il s'inscrit dans l'inclusion collaboratrice plutôt que dans l'exclusion compétitive.

Il faut considérer que le point de vue qu'il vaut mieux éviter d'accompagner plusieurs personnes d'un même système peut n'avoir aucun sens si le patron, son équipe, et l'ensemble de l'environnement sont tous totalement collaboratifs, entièrement centrés sur l'accomplissement d'une même ambition, et tous d'accord pour faire appel au même coach.

Effectivement, nous pourrions a priori considérer que certains systèmes ne sont pas paranoïaques au point d'insister sur l'existence indispensable de cloisonnements hermétiques permettant à chacun de préserver sa zone de sécurité reposant sur une confidentialité totalement étanche.

- **NOTE**. Afin d'accompagner la résolution de certaines situations conflictuelles entre différentes personnes ou au sein d'une même équipe, il peut leur être utile d'envisager de faire appel à un même conciliateur.

Lors de divorces à l'amiable, il est légalement possible pour deux personnes de s'accorder sur un même choix et faire appel à un avocat commun. Ce genre d'intelligence de situation existe. Il devrait pouvoir être mis en œuvre dans le monde du coaching.

Les subtilités de chaque situation sur le terrain, les caractéristiques spécifiques de chaque accompagnement, les besoins particuliers de chaque client et les compétences intrinsèques de chaque coach font qu'il est difficile voire impossible d'ériger telle règle générale, telle approche systématique, telle posture incontournable, telle méthode obligatoire, telle limite éthique ou déontologique immuable, tel rythme, ou telle durée exemplaire, etc. Le coaching repose sur une démarche émergente, et n'en déplaise aux divers esprits rigides, législateurs ou donneurs de leçons, sa pratique sur le terrain ne peut se faire dans un cadre fait de règles systématiques.

Tout au plus, le coaching nécessite d'aborder chaque situation avec une intelligence de cœur, un esprit d'ouverture et de permission reposant sur une attitude de « pourquoi pas ? » tenu en équilibre par une attitude de vigilance protectrice, des contrats rigoureux et transparents, une éthique solide voire à toute épreuve. Mais point trop n'en faut, les client savent très bien jusqu'où ne pas aller trop loin.

Cas 12 (suite) : Un déménagement fractal

Dans le cas ci-dessus, lors d'un des rendez-vous, le client partagea ses soucis concernant son déménagement personnel. Avec sa famille, il quittait son appartement parisien pour emménager dans une maison de plusieurs étages, avec jardin, en banlieue proche. En introduction de rendez-vous, il décrivit les aléas de cette nouvelle aventure, en mentionnant les travaux du rez-de-chaussée, les fondations fragiles, le premier étage entièrement donné aux enfants, le choix d'installer la chambre des parents dans la mansarde sous le toit, de la place de son futur bureau en mezzanine entre le premier et le grenier, du jardin en friche etc. Visiblement impliqué dans son déménagement, le client donna beaucoup de détails, et ne fût pas interrompu par le coach.

Dès le début de la séance plus formelle de coaching, de but en blanc, le coach demanda – « Si ce déménagement personnel était la métaphore de toutes tes transformations professionnelles, qu'est ce que symbolise ce changement où tu pars d'un système plat mesuré en termes de mètres carrés d'un appartement, pour aller vers les volumes verticaux et superposés de toute une maison ? » - Le client fut surpris et resta silencieux avec un air de questionnement.

- « Tu as parlé, par exemple de laisser le premier étage aux enfants, de t'installer sous les toits au deuxième. Que dis-tu là ? Si ton discours concernait en fait ton positionnement professionnel ? »

Le ton était donné pour laisser le client découvrir les effets de résonance entre les mouvements qu'il mettait en œuvre dans sa vie personnelle et ceux qui lui étaient offerts au sein de son contexte professionnel.

- **NOTE** : En coaching systémique, rien de ce que dit le client ou le coach n'est anodin. Toute zone d'intérêt développée par le client, lors de tout échange même social ou humoristique, est porteur de formes quasiment fractales qui peuvent servir à illustrer et éclairer ses autres zones d'intérêt. En ce qui concerne ce contrat, comment son déménagement personnel reflète les détails importants de ses projets professionnels?

En quelques années, ce responsable de produit au niveau national fut promu pour le devenir au niveau monde, puis devint responsable de la catégorie de produits au niveau monde. De plus, son poste fut élargi pour inclure la responsabilité du web marketing de l'ensemble des produits.

Cette ascension fut relativement rapide et largement suivie par de nombreux responsables hiérarchiques, suscitant de nombreux comportements de résistance, de blocage, de jalousie. La progression ne fut pas sans heurts, ce qui justifia d'autant plus un accompagnement avec un coach stratégique. .

- **NOTE** : Il est habituel qu'à grands frais, les entreprises cherchent à chasser des talents exceptionnels, perçus comme étant des gagnants et innovants. Une fois recrutés, les mêmes entreprises cherchent ensuite à limiter ces talents par tous les moyens possibles.

Dès qu'ils sont internes, les profils recrutés pour leur différence deviennent perçus comme des trublions. Ils sont bien trop différents, ne respectent pas la culture, l'histoire, les traditions de l'entreprise, ne reconnaissent pas la valeur de ce qui se faisait avant, ne rentrent pas dans le moule, ne jouent pas collectif, etc.

En gros, ce client dérange tous les anciens déjà en place ! A raison d'un rendez-vous par mois, quelquefois tous les deux mois, la relation de coaching avec ce trublion-manager de marketing dura plusieurs années. L'image que l'entreprise avait d'elle-même comme la perception qu'en avait le public en fut profondément modifiée. Quelques actions de coaching d'équipe et d'organisation au sein de diverses entités de marketing servirent à accompagner des équipes nationales ou internationales, afin d'assurer la cohérence du département. Le but moins avoué de l'accompagnement : réfléchir à chaque fois à la stratégie de contournement de la résistance au changement manifestée par le clan de hiérarchique supérieur qui voyait toutes ses certitudes et habitudes chamboulées, les unes après les autres.

Formellement, le contrat avec le coach était ouvert, à reconduction tacite, centré sur l'accompagnement stratégique d'un agent de changement interne déguisé en homme de marketing.

- **NOTE** : Pour bien réussir un coaching systémique individuel, une approche paradoxale s'impose. Le client bénéficiaire du coaching est souvent désigné comme inadapté à l'entreprise et ses contraintes. Il ressort du lot comme un symptôme dérangeant.

Or par sa différence ou sa résistance, ce type de client est souvent très paradoxalement, l'acteur le plus sain du système. Plutôt que de servir de régulateur social en tentant de l'adapter au système, il est bien plus utile de l'aider à accompagner la transformation de son environnement.

C'est ainsi que le coaching systémique peut servir à transformer une organisation en accompagnant un individu désigné comme inadapté au système. Le système cherche souvent à instrumentaliser le coach afin de faire entrer un salarié dans le rang. Le coach systémique accepte la mission et instrumentalise cette demande en retour afin de faire du client désigné l'acteur du changement du système ! Bien entendu, la finalité reste que tous les acteurs en ressortent gagnants : le client désigné, le prescripteur, l'entreprise, et le coach.

Bien entendu au sein de notre récit, d'une part, le fait que cette hiérarchie utilisait une bonne partie de son énergie à se contrer les uns les autres afin de garder leurs prérogatives territoriales facilita les choses. D'autre part, jusqu'à son départ à la retraite, le soutien indirect du PDG servit à protéger cet atypique innovant.

CAS 13 : Une prise de poste en quatre sessions

Un coach international particulièrement connu pour son expérience dans un pays d'Afrique du Nord est appelé par un cadre supérieur manifestement stressé. Ce dernier vient d'être nommé à la tête de la filiale locale d'un groupe français. Alors qu'il en était le responsable commercial, il doit remplacer son propre patron, au pied levé et dans une ambiance de crise.

Le directeur général précédant venait d'être licencié pour fautes graves, dont népotisme, abus de bien sociaux, détournements de fonds, etc. Alors que la filiale subit un audit financier mené par des équipes du siège et que bon nombre de spécialistes centraux y interviennent librement, il s'agit d'accompagner ce cadre supérieur pour l'aider à prendre sa place de Directeur Général et reprendre l'affaire en main. Il s'agit là d'un accompagnement de transition en situation de crise, avec une attention particulière au contexte culturel local fortement confronté par une forte remise en question de pratiques culturelles peu éthiques.

Le premier rendez-vous est fixé au siège de la filiale, un vendredi férié, selon la coutume locale. Les locaux sont donc vides, seul est présent le nouveau Directeur Général qui attend le coach au dernier étage de l'immeuble. Le coach est accueilli à sa sortie de l'ascenseur par le client qui propose au coach de d'abord faire le tour de l'étage, ce que le coach accepte avec curiosité.

Le premier bureau visité est un vaste espace libre, sommairement meublé, aux murs blancs, anciennement occupé par le Directeur Général remercié. Ce bureau d'angle est impressionnant, avec de larges baies vitrées donnant sur une terrasse extérieure. Il est cependant totalement vide, donnant une impression d'abandon un peu lugubre. « Ce lieu semble encore habité par des fantômes » dit le coach.

Le client est visiblement attentif à la réaction du coach qui partage aussi son appréciation de la qualité de l'espace de travail. La terrasse offre une vue imprenable sur la ville. Presque privative, cette terrasse dessert un autre petit bureau intermédiaire utilisé par la RH locale, puis un deuxième bureau d'angle occupé par la directrice financière. Ensuite, par le hall intérieur, l'ancien directeur commercial nommé nouveau directeur général accompagne le coach vers son bureau actuel.

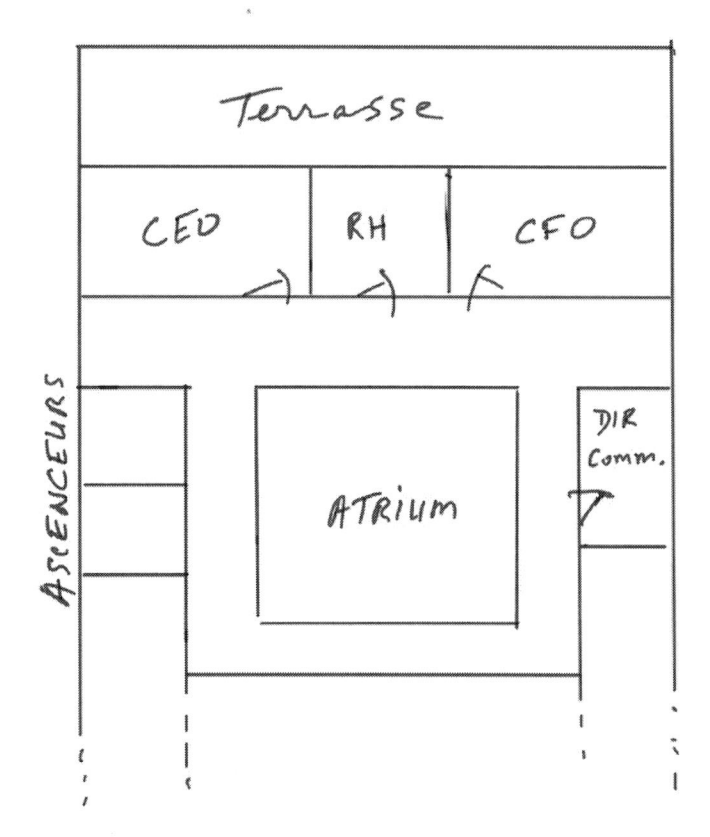

[Plan dessiné à la main montrant : Terrasse en haut ; en dessous trois bureaux CEO, RH, CFO ; puis Ascenceurs à gauche, Atrium au centre, et Dir. Comm. à droite.]

L a
visite des bureaux semble servir à temporiser. Elle permet toutefois au client d'observer le coach en entamant une conversation presque anodine sur l'histoire de la crise récente, sur la décoration, sur les espaces

lumineux, l'évidente qualité de vie professionnelle offerte par le lieu moderne et aéré.

- **NOTE** : Pour un coach systémique, cette visite des locaux n'est pas un passe temps social et anodin. Énormément d'informations transitent par la disposition territoriale, l'architecture ou la géographie politique, d'ensembles collectifs. Autant est révélé par ce qu'en dit le client.

De toute évidence, le client est relativement timide, solitaire, voire secret. Sa promotion inattendue est un challenge qu'il ne refuse pas, mais il aurait sans doute préféré avoir plus de temps pour s'y préparer. S'il est a priori ouvert à quelques séances de coaching conseillées par sa hiérarchie régionale, il est plus habitué à se débrouiller tout seul dans le cadre d'une progression de carrière managée de façon plus prévisible.

Le coach choisit de continuer la discussion centrée sur la nature des locaux. Lorsqu'ils sont confortablement installés et que le client manifeste qu'il est prêt à démarrer de façon plus formelle, le coach continue sur le mode social. Il demande à son client quand il compte emménager dans le bureau de directeur général, le grand bureau vide. Surpris, le client répond qu'il ne s'est pas encore fixé de délai, qu'il ne sait pas si c'est la chose à faire. Mais il prend des notes sur son calepin.

- **NOTE** : Jusqu'à la première question du coach sur l'opportunité de déménager son bureau, le client menait le contexte. Il le menait au point de signaler au coach le moment où il fallait commencer à mener la session de façon plus formelle. Le coach commença à réellement mener le contexte en proposant une question perçue comme informelle, encore sur l'agencement des bureaux.

Le coach pourrait demander ce que le client écrit, mais n'en fait rien. . Alors que le client prend des notes, le coach attend, laissant ouvert cet espace de réflexion ou de décision. C'est au client de suivre son affaire. Et si le client n'en partage pas le contenu, le coach n'a pas vraiment besoin de tout savoir.

- **NOTE** : Il est bien plus utile que le client prenne des notes à la place du coach. Lorsque le coach prend des notes, le client pourrait se dire que le coach est responsable, que c'est au coach de suivre les résultats du coaching.

Le coach demande alors au client quel pourrait être le sens perçu par le reste de l'organisation, s'il choisissait de temporiser son déménagement, ou si au contraire, il choisissait de le précipiter.

Suite à quelques instants de silence et de réflexion, avant même d'obtenir de réponse de la part du client, le coach poussa le bouchon encore plus loin en demandant au client quel genre de fête ou de rite de passage pourrait vraiment marquer les esprits pour marquer ce changement de bureau, symbole de prise de poste, ou de pendaison de crémaillère.

Après un autre silence, le coach demanda enfin quels seraient les salariés, les personnalités locales et les représentants de la région qu'il faudrait inviter à cet événement afin de clairement poser sa prise de fonction.

- **NOTE** : Contre toute attente, le coach n'attend pas de réponse de la part du client. Il a noté que ce dernier se sentait déséquilibré par le sens informel et quelque peu direct que prenait le coaching. Le coach posait alors des questions dont les réponses silencieuses menaient le client dans le sens d'occuper la territorialité de son poste.

- « Vous croyez que tout cela est important ? » demanda le client hésitant.

Le coach répondit que la question était plutôt de savoir si son changement officiel de bureau permettrait à tout le monde de clairement constater qu'il prenait véritablement sa place de directeur général. Et le coach enchaîna tout de suite la réflexion en demandant :

- « Je remarque que le bureau de la RH est mitoyen à celui de l'ancien directeur général. De plus, il se situe entre celui de ce dernier et celui de la directrice financière. Est-ce que cela révèle quelque chose d'important dans l'équilibre des relations du passé ? »

Le client répondit qu'en effet, la RH était très proche de l'ancien directeur général, vraiment à son service... puis il s'interrompt et prend encore quelques notes...

- « La directrice financière a un bureau d'angle équivalent au vôtre. Est-ce que la directrice financière vous sera d'un bon soutien dans votre nouvelle fonction ? »

Notez que le coach se réfère subtilement au bureau de directeur général comme s'il était de fait déjà celui occupé par le client. Le client répond que c'était elle qui avait soulevé les lièvres concernant les problèmes éthiques du passé. Elle est rigoureuse et sera un très bon allié.

-« Sachant que votre bureau actuel sera libéré dès votre déménagement, quel est l'usage que vous lui réserverez par la suite ? »

A l'image de ces questions qui provoquent la réflexion du client sur les indicateurs territoriaux de l'organisation et de son positionnement, presque toute la première session de coaching fut centrée sur l'organisation du territoire de l'étage de la direction.

Par cette exploration indirecte de l'aménagement de l'espace, le nouveau directeur général prit conscience des équilibres politiques du passé et de quelques déménagements apparemment anodins qui lui permettraient de faire passer une série de messages quant à sa prise de fonction officielle. Plus que de faire des annonces officielles sur les changements qu'il envisageait, ce qui n'était pas son genre, il commença à considérer que bon nombre de décisions pouvaient être clairement comprises par tous à travers une très simple ré allocation des bureaux de l'étage de direction.

CAS 13 bis : Une prise de poste en quatre sessions

L'accompagnement de ce directeur de filiale nationale était prévu sur quatre sessions réparties sur quatre à six mois. Quelques mois plus tard, lors de la deuxième session, le client était déjà passé à autre chose. Le sujet d'actualité n'était plus sa prise de fonction, mais la nécessité d'aligner son organisation afin d'assurer l'atteinte des objectifs de production. La crise de succession et sa prise de poste était déjà derrière lui, il se centrait maintenant sur les opérations.

La session commença dans son nouveau bureau, re-décoré, par une présentation détaillée des changements nécessaires au sein de son ancien département, la direction commerciale. Il en avait nommé le successeur, une ancienne subordonnée, souhaitant s'assurer que l'organisation de cette dernière pourrait assurer la réussite de la filiale. Afin d'expliquer clairement la situation au coach, le DG se leva pour dessiner au tableau un organigramme d'ensemble et de ce département et entra dans le détail des difficultés internes en focalisant son attention sur le responsable des grands comptes.

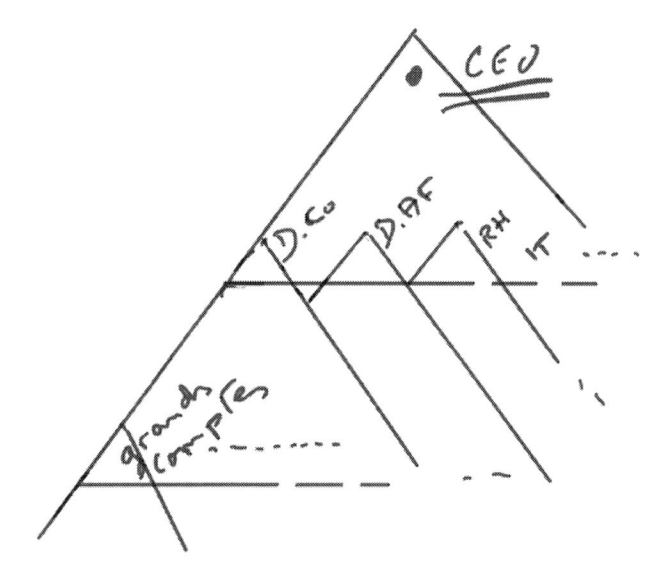

- **NOTE** : Lorsqu'une personne est promue à un nouveau poste, elle semble souvent vouloir surtout s'occuper des responsabilités de son poste précédent. Ici, le PDG est très préoccupé par l'organisation des grands comptes qui devrait être mis en oeuvre par sa nouvelle directrice commerciale.

Mais le coach écoute la démonstration sans rien dire. Une fois le dessin terminé, le coach proposa au client de prendre du champ afin d'observer son dessin de plus loin. Le client remarqua tout de suite qu'il avait oublié de nommer tous les membres de son propre comité de direction. Il remarqua aussi que pour le département commercial il avait seulement dessiné la présence d'un seul service, celui des grands comptes. Dans les faits, il voulait centrer sa directrice commerciale sur un seul service, exactement comme lui ne s'occupait pratiquement que d'un seul département. Il ne dirigeait pas l'ensemble de son comité de direction!

Après un moment de surprise, le DG commença à faire des liens, se rendant compte qu'en se focalisant sur le département commercial, il en faisait un bouc émissaire et ne s'occupait pas suffisamment de l'alignement stratégique des autres départements sur les responsabilités partagées au niveau du comité de direction.

Comme à son habitude, il s'arrêta de parler et commença à griffonner de nombreuses notes sur son cahier.

> - **NOTE:** A l'image du travail sur l'aménagement territorial des bureaux lors de la séance précédente, le dessin spontané du client pour expliques la situation à son coach servit ce révélateur et de tremplin de décisions pendant presque toute cette deuxième séance

Un mois plus tard, la troisième séance fut centrée sur un autre thème encore. Cette fois-ci, le DG commençait une réflexion sur l'élaboration d'une vision stratégique à moyen terme. Il semblait être satisfait de sa nouvelle organisation, il était temps de la mobiliser vers un résultat plus performant. Non seulement le directeur avait pris sa place, mais tous les membres de son équipe de direction semblaient occuper la leur et tous semblaient en bon ordre de marche. De façon toute naturelle, la nécessité de définir une direction à moyen terme, ou l'élaboration du projet de l'ensemble prenait alors le devant de la scène.

La quatrième session servit à faire un bilan du parcours du Directeur Général. Il se sentait bien à sa place et très satisfait de la fluidité avec laquelle il était passé de son poste de Directeur Commercial à celui de Directeur de l'ensemble de l'entreprise au niveau du pays.

CAS 14 : Un rendez-vous presque raté

Un coach arrive à son rendez-vous chez un client, patron-entrepreneur d'une PME en plein essor. Lorsque le coach s'annonce à l'accueil, la réceptionniste lui dit: Il y a eu une urgence. Votre rendez-vous doit être reporté. Mais attendez un peu, le patron arrive et il va vous expliquer.

- Le discours interne du coach: « Merde !. Encore un rendez-vous qui saute ! Encore du temps perdu ! » Déception, agacement... les émotions se succèdent. Rapidement conscient de son état, le coach se calme, se reprend, se résigne, accepte puis accueille.

Arrive le patron d'un pas pressé. Il explique en marchant vers la sortie qu'il a un rendez vous imprévu avec un partenaire stratégique à l'autre bout de la ville... juste le temps de s'y rendre... désolé... il faut remettre notre conversation à plus tard.

- Le coach est soudain pris par une intuition. Il saisit l'opportunité et réponds:_ « Ce n'est pas grave. Je vous accompagne et nous aurons le temps de discuter lors de votre déplacement. De toutes façons, je n'ai rien d'autre à faire tout de suite. » Et il suit le client jusqu'à sa voiture.

Le patron manifestement stressé enclenche tout de suite un monologue sur sa situation de crise. En pleine négociation sur un projet stratégique avec un partenaire important, ils sont arrivés à un point de blocage. Il est agacé. Des mois d'espoirs et d'investissement sont à deux doigts de passer à la trappe.

Il déroule son histoire tout en conduisant. La circulation est intense, puis ralentit, puis bloque de plus en plus. Le patron devient tendu, agité, aux aguets. Le sujet de son discours se centre alors sur l'embouteillage monstre au sein duquel ils se trouvent coincés. Percevant le haut degré d'énervement de son client, le coach se garde bien d'intervenir. Pendant que le patron s'énerve, le coach respire calmement, observe, reste présent et attentif.

- Soudain, le patron-conducteur réagit. Il vire pour emprunter une petite rue tangentielle, accélère, en prends une autre, puis une autre, au gré des ouvertures et de la fluidité émergente. De croisements à rond-points, de ralentissements en accélérations, l'énervement se transforme en adrénaline jusqu'à ce que la voiture débouche sur un autre axe bien orienté et relativement dégagé. Peu à peu, le patron-conducteur se détend. Il n'aura pas trop de retard, dix minutes tout au plus! Il souffle.

_« Alors que pensez-vous de tout ça? » demande-t'il enfin à son coach, quelques minutes avant leur arrivée à destination.
_« Si vous parlez de votre façon de conduire jusqu'ici, commença de coach, je trouve qu'elle est pleine d'enseignements. Dans votre précipitation, vous prenez d'abord une route évidente, et elle vous plonge dans un bel embouteillage. Ca n'avance pas et vous vous énervez de vous retrouver coincé. Puis vous réagissez de façon créative, en sautant sur une petite opportunité, en cherchant des chemins détournés, de plus en plus fluides, jusqu'à trouver une bien meilleure route. Et pour conclure, nous arrivons à destination sans trop de retard sur ce qui était prévu.

Par conséquent, continue le coach, je pense que si vous ne vous énervez pas sur ce qui bloque, si vous ne perdez pas de vue votre objectif à terme, si vous vous reposez sur vos capacités créatives et opportunistes, vous avez toutes les compétences pour déployer une agilité vraiment positive et résolutoire. Je me demande quel peut être le lien avec votre projet de partenariat. Mais vous êtes pressé là, alors on s'appelle dès que vous en avez fini avec votre rendez-vous?"

Une heure plus tard, le patron appela son coach pour le remercier. Il était vraiment reconnaissant. Il avait su dépasser le blocage avec son partenaire stratégique. Ensemble, ils avaient cherché des options plus créatives et innovantes que ce qui était prévu au départ. Et ils avaient fait affaire.

Au niveau systémique:
Pour un coach formé à la pratique de l'approche système, tout évènement vécu par une personne donnée se manifeste sous une forme caractéristique, révèle un processus précis, qui n'est jamais anodin.

- Toutes les opportunités émergentes offrent matière à coaching. Il n'y a pas de sot sujet ou de situations privilégiées pour écouter son client dans sa façon d'être, de réagir, de résoudre ses difficultés, et d'apprendre.
- *Tous les lieux* qui s'imposent ou choisis par le client offrent des opportunités privilégiées de coaching.

Il y a matière à écouter dans tous ses actes les plus anodins, dans tous les détails apparement insignifiants de sa vie quotidienne. Le client s'exprime tel qu'il est, dans sa relation avec tous ses divers environnements. Cela peut se passer au restaurant en relation avec le personnel, en déplacement en interaction avec la circulation, dans son bureau ou en réunion en discussion avec ses collaborateurs, dans un parc avec ou sans passants, chez lui en famille ou encore dans la pratique de son sport préféré, individuel ou collectif.

Le coach systémique part du principe que *la forme* de l'expression du client, que *ses patterns de comportements* sont toujours des paraboles, des effets de miroir, des reflets qui illustrent ses préoccupations, ses rythmes, ses stratégies, sa façon de procéder, de chercher sa route, de réussir.

Ainsi, l'ensemble de l'univers du client est l'environnement au sein duquel il exprime ou illustre qui il est et sa façon de faire, à un moment donné de sa vie personnelle et professionnelle. Au sein de ses divers environnements dont avec le coach, chaque interaction la plus anodine se présente comme un enchainement interactif précis, ou comme le scénario d'une même histoire. Ils méritent d'être entendus voire compris.

Dans le cas ci dessus, les apparentes difficultés de déplacement *et* de partenariat vécues par le patron de PME se déroulent en suivant une forme ou un scénario précis et commun. Une attention systémique de la part du coach formé à reconnaitre des formes ou patterns interactifs permet de percevoir le thème d'actualité du client. A l'occasion, ce thème d'actualité est présent *à la fois* dans la situation de négociation avec son partenaire stratégique *et* dans le déplacement d'un bout à l'autre de la ville:

- A) Le client choisit d'abord de prendre la route la plus évidente, la plus directe.
- B) Sur cette trajectoire, il rencontre des difficultés inattendues. La circulation est embouteillée, le projet commun arrive à un point d'achoppement.
- C) Le blocage crée du stress, de la tension, voire de l'énervement qui peut faire tout capoter.
- D) La créativité réactive, l'opportunisme latéral, la recherche d'une ouverture résolutoire a permis au client de sortir de son impasse afin d'arriver à destination.

Le coach est un témoin participatif
Pour le coach systémique, il y a aussi un enseignement personnel à tirer de chaque entretien avec ses clients. A l'occasion dans la séquence ci-dessus, une première suite d'interactions est aussi étonnante de synchronicité ou fractalité partagée.

En effet, lorsqu'il
a) arrive au rendez-vous prévu, avant même de rencontrer son client, le coach est aussi
b) mis face à une situation de blocage: il apprends que le rendez-vous est annulé. Le coach passe aussi
c) par diverses réactions émotionnelles de déception et d'agacement, puis de résignation voire de lâcher prise. Lorsqu'enfin son client arrive à la réception et annonce les raisons de son annulation, le coach
d) propose aussi une offre créative, latérale, opportuniste; celle de l'accompagner pendant son déplacement afin d'y d'effectuer la séance de coaching et de réussir le contrat de partenariat.

Cette réaction lui permet de préserver la relation avec le client, voire de la consolider en y apportant une valeur ajoutée conséquente, de façon totalement inattendue. Comme par la suite, le client patron arrive aussi à réussir avec son partenaires stratégique. Par conséquent, comme par hasard, le coach est aussi acteur responsable au sein d'un thème partagé avec son client, au sein d'une fractale interactive et comportementale à la fois commune et séparée.

Synchronicité et fractalité
La synchronicité est un phénomène relativement connu et accepté. Posée par C. G. Jung, le concept fait partie d'une réalité partagée. Aujourd'hui, l'approche système et des théories plus récentes en mécanique quantique permettent de poser plusieurs hypothèses plus innovantes et performantes. En effet la synchronicité n'est plus perçue comme un phénomène occasionnel. Ce n'est pas parce-que nous l'observons à l'oeuvre de temps en temps qu'elle n'est pas omniprésente, a tout instant de notre vie.

Selon une vision plus moderne, fondamentalement énergétique et holographique de la réalité, tout ce que nous percevons s'inscrit au sein d'une fractalité signifiante, en synchronicité constante. Comme à travers les multiples facettes d'un même cristal, toutes nos interactions avec nos divers environnements font partie d'une même conversation que nous menons avec nous mêmes, afin de la faire évoluer, afin de nous développer.

Théorie et pratique
Ces concepts systémiques et quantiques commencent à être relativement bien connus. Bien entendu, le praticien coach systémique n'en fait jamais état avec ses clients. Il ne s'agit pas de faire de prosélytisme théorique. Le coach systémique est formé à percevoir, reconnaitre et tenir compte des patterns qui émergent au sein de sa propre vie, comme à capter ces formes interactives et évolutives, à l'oeuvre chez ses client. Puisque coachs et clients partagent leurs fractales, ce sont presque les mêmes. Bien entendu, le coach systémique est aussi formé à intervenir de façon respectueuse pour faciliter l'évolution du dialogue que chaque client entretient en lui même.

QUELQUES CAS ETHIQUES

CAS 15 : Le démarrage de réunions

Le cas présenté ici repose sur une accumulation d'expériences variées sur les premières minutes d'un démarrage de session de coaching ou d'une reprise de travail après une pause ou un repas. Il illustre que ce qui est dit ou échangé pendant à peine quelques minutes, voire quelques secondes, peut offrir au coach systémique un grand nombre d'indicateurs[4] culturels de l'équipe en présence, et par extension de l'organisation dont elle fait partie intégrante. Au fil de la présentation de ce cas seront aussi évoqué quelques variantes parmi des centaines, sachant que chaque expérience étant unique, il ne se déroule jamais deux processus de démarrage ou de reprise totalement identiques.

Le premier jour d'un accompagnement en coaching d'équipe, suite à la pause repas et conscient que deux des membres de l'équipe étaient en retard, le coach annonça clairement aux personnes présentes:

_« Il est 14 heures passées, l'heure de reprise que vous aviez annoncée ».

Une réponse immédiate et toute aussi publique, comme si elle s'adressait aussi à l'équipe entière, fusa immédiatement de la part d'un des membres présents :

_« Il manque encore Hélène et Michel ».

---

[4] A propos d'indicateurs de performance de systèmes collectifs, consulter Coaching systémique d'équipes et d'organisations, Alain Cardon, Alain Cardon Amazon & Kindle Books, 2021

_ « J'avais remarqué, merci, dit alors le coach » s'adressant toujours au groupe entier. « Et vous aviez tous décidé de reprendre votre réunion à 14 heures. Ce que je ne fais que vous rappeler. »

Ce type d'échange en trois phrases prononcées par deux personnes en début de réunion est relativement courant. Il est significatif dans la mesure où il peut concerner un pattern de démarrage qui pourrait s'appliquer à tous les démarrages du système en présence. Par conséquent, les coachs systémiques sont particulièrement attentifs à comment toute séquence amorçant ou terminant un travail, une réunion, un projet, ou une relation peut en révéler des éléments essentiels, souvent annonciateurs de la qualité des suites possibles.

- Le fait que ce soit le coach qui initie la reprise n'est pas anodin. Cette même séquence pourrait être initiée par le responsable de l'équipe ou plus rarement par n'importe quel autre participant naturellement soucieux du respect des engagements collectifs. Dans cet exemple, ce ne fut pas le cas.
- Le fait que l'ensemble de cette interaction soit prononcée de façon à être entendue par le groupe entier est aussi significatif. Le coach initie l'interaction en s'adressant à la toute salle entière afin de rappeler l'heure de démarrage agréée par l'équipe, mais la réponse qui suit aurait pu être prononcée en aparté plus privé en s'adressant directement au coach. Cette différence est subtile, car elle consiste à prendre l'équipe entière ou le public plus large à témoin.

Lorsque l'on se penche sur le contenu des interactions, celui-ci peut aussi révéler une dynamique interactive digne d'intérêt, éventuellement révélatrice d'un processus clé caractéristique de l'organisation toute entière.

- En effet, le principe systémique sous-jacent est que *la forme et le sens* d'une interaction courte, ici de moins trente secondes peut véhiculer la forme et le sens d'autres processus plus conséquents qui s'étalent sur des jours, voire des mois ou des années au sein de systèmes bien plus larges.

Remarquons donc que le contenu du rappel du coach concerne l'engagement collectif du groupe de reprendre à 14:00. Ce sens de ce commentaire est donc centré sur l'application rigoureuse d'un accord de groupe ou d'une dynamique contractuelle, ici consistant à reprendre le travail à une heure précise.

En réponse à ce rappel, remarquons que le sens possible du contenu énoncé par le participant qui intervient immédiatement après concerne l'absence de deux personnes. Le sens de cet apport peut reposer sur:

- Le principe que le coach soit n'avait pas remarqué qu'il y avait des absents, soit qu'il n'y accorde pas une importance significative.
- Que l'ensemble du groupe devrait être concerné. Cette réponse est donc publique, s'adressant à toutes les personnes présentes.
- Que la valeur de l'affirmation est égale à celle énoncée par le coach, puisque le ton est tout aussi affirmatif.

La réponse du participant sous-entends une alternative à celle de respecter le contrat : le principe qu'il serait peut-être plus utile d'attendre les retardataires. Cette alternative relationnelle implique que s'occuper de l'inclusion de tous, malgré le retard de certains, est peut-être plus important que de respecter une rigoureuse application de l'engagement collectif.

- Dans ce cas, la préservation des bonnes relations primeraient sur les engagements opérationnels.

Cette réponse offerte au publique peut à la fois servir à obtenir une adhésion collective, et leur faire remarquer un positionnement personnel, en faveur d'une dimension relationnelle plutôt que contractuelle comme principe directeur de la culture de l'équipe.

Dans certains contextes professionnels qui se veulent relationnels, c'est en effet considéré comme normal d'attendre le dernier arrivé, ce qui ne motive pas forcément d'arriver ou de démarrer à l'heure. Dans certains cas, cela dépends fortement de qui est en retard : On attends que les privilégiés, ou le patron, pas forcément les plus jeunes ou les moins intégrés dans le clan. Ailleurs aussi, si le responsable de l'équipe n'est pas présent tout s 'arrête ; s'il ne peut venir, la réunion est tout simplement annulée.

Prenons aussi le cas relativement courant qui consiste à attendre que ce soit le patron qui sonne la reprise. Ces contextes manifestent des stratégies relativement précises quant au sujet du respect des délais. Lorsqu'un engagement est pris de fournir un service ou produit dans un délais calendaire ou horaire tel que prendre une pause d'une demie heure, tout le monde attends que ce soit le patron qui sonne le rappel. S'il ne le fait pas, personne ne bouge. Il en résulte une forme de délégation vers le haut, obligeant le responsable de l'équipe à intervenir pour cadrer la reprise. De fait un délai formellement technique, même décidé de façon collective et paritaire est ainsi subtilement transformé en relation parentale.

Toutes ces variantes et d'autres sont considérées significatives par des coachs systémiques, c'est à dire indicatives de critères culturels, qui s'applique à toutes les situations que le système entreprends par ailleurs. Non qu'elles soient bonnes ou mauvaises en termes de jugements de valeur, mais elles sont tout simplement révélatrices de processus considérés comme acceptables ou irrecevables au sein de la culture collective. Aussi ces variantes de processus comportementaux peuvent être à l'origine de phénomènes plus bien larges et autrement conséquents.

- **Exemple :** Si lors des réunions au sein d'un système donné, il est coutumier de s'aligner sur l'arrivée du membre retardataire, il est aussi normal que toutes les *équipes* s'alignent sur celle qui est la moins performante, et que toutes les *usines* se mettent au diapason de celle qui respecte le moins ses délais.

Au bout du compte il sera difficile pour l'ensemble du système de tenir les délais des contrats négociés avec clients. La co-protection interne, signe de dynamique d'inclusion en termes de gestion du temps prime sur tout contrat formel considéré alors comme trop contraignant.

- C'est ainsi que les processus en vigueur au sein d'une culture d'entreprise toute entière sont observables dès la première minute de démarrage ou de reprise de ses réunions.
- C'est ainsi que les premières minutes de réunions servent à affirmer ou confirmer les valeurs actives, les processus interactifs, de la culture de l'entreprise.

Dans le cas si dessus, les premières minutes confirment si les membres de l'équipe vont privilégier le respect des délais décidés et annoncés, ou si il s'agit plutôt de privilégier l'inclusion co-protectrice des moins performants quant au respect des accords voire des contrats.

Bien entendu, cette dernière option peut aussi avoir comme effet de mettre les responsables hiérarchiques en porte à faux, ou en situation paradoxale dans un choix cornélien. Soit ils se manifestent pour le respect des engagements et deviennent perçus comme directifs, au mieux comme technocratiques. Soit ils choisissent de privilégier l'inclusion de tous au dépends du maintien ou du développement de la performance professionnelle mesurable.

- Bien entendu, quel que soit leur choix, ils auront tord.

C'est dans cette complexité collective que le coach systémique doit naviguer, attentif à permettre un dialogue collectif permettant à chacun, aux équipes et aux organisations concernées de faire leurs meilleurs choix afin d'assurer la congruence ou cohérence entre ce qu'ils disent ou *annoncent dans leurs engagements* et ce qu'ils font ou *mettent en oeuvre de façon mesurable*.

Cas 16 : Mieux s'entendre entre nous

Un patron propriétaire d'une entreprise informatique très performante souhaita entreprendre un accompagnement en coaching d'équipe. Une première discussion avec un coach présélectionné se passa de façon relativement sereine, aboutissant à un accord probable. Le coach était toutefois un peu mal à l'aise avec l'objectif affiché du client qui disait surtout vouloir que les membres de son équipe se connaissent mieux, s'entendent mieux. Tout cela semblait un peu superficiel. Le coach lui dit alors :

_ « Ok ! Un détail : nous sommes d'accord que suite à ce coaching d'équipe, vous vous engagez formellement à ne rien changer dans votre équipe de direction et dans les responsabilités de chacun de vos collaborateurs directs pendant au moins un an. »

_ « Ah bon ? » répondit alors le patron, l'air surpris.
_ « Quand vous dites « Ah bon », vous pensez à qui ? Dit alors le coach satisfait d'avoir suivi son intuition.

Après un silence, la suite de la discussion révéla que le patron avait des doutes sur son directeur commercial, qui semblait ne pas faire l'affaire. Le coach lui dit alors que s'il avait déjà l'intention de s'en séparer, il valait mieux le faire avant d'entamer un coaching d'équipe. Il expliqua que le principe même de ce type d'accompagnement reposait sur la volonté d'avancer ensemble, non sur une intention dirigée dans le sens d'une sélection, voire d'un règlement de compte. Sinon par la suite au sein de l'organisation, chaque mention de coaching serait perçue comme une opération dont l'intention n'est pas celle qui est affichée.

Le patron dit alors qu'il lui faudrait quelques mois pour changer non pas une personne, mais deux, avant de commencer le coaching d'équipe.

Lors de l'accompagnement, rencontra une équipe relativement sur ses gardes. Non seulement elle était échaudée par les deux séparations récentes, mais aussi par le fait qu'elles s'inscrivaient dans une longue liste de départs provoqués, qui correspondait à un turnover de près de 50% par an. Cela voulait dire qu'en moyenne un membre du comité de direction ne durait pas plus de deux ans.

Le coach proposa alors un travail qui resterait confidentiel au niveau individuel :

- Il demanda à chacun de prendre une feuille de papier, et compte tenu des deux départs récents, d'y inscrire le prochain départ probable.
- Quand ce fut fait, il demanda alors de noter qui serait le suivant. Puis le suivant, et ainsi de suite autant de fois que de personnes dans la salle.
- Le coach récolta les listes, et pendant la pause, dessina au tableau un sociogramme qui révélait le nombre de fois et l'ordre dans lequel chaque nom apparaissait sur les listes.

Le plus surprenant fut que tous les membres de l'équipe étaient relativement au clair sur un même ordre probable. Quelques petits écarts concernaient surtout la place que chacun se donnait à lui même.

Ce cas révéla qu'un processus de bouc émissaire était relativement bien installé au sein de cette entreprise.[5] Plutôt que de résoudre des problèmes opérationnels, l'habitude inscrite était de résoudre des personnes. Ainsi la solution privilégiée dans la culture de management était de décider de se séparer d'un responsable désigné plutôt que de définir un plan d'action collectif centré sur des améliorations futures. Comme ce processus était inscrit de longue date, les anciens savaient très bien faire en sorte que les responsabilités pour toute difficulté retombe sur les nouveaux arrivés, sous ensemble dont le turnover approchait les 100%.

> **ATTENTION :** Mesurez l'ampleur du travail rendu possible par une bonne écoute lors du premier rendez-vous avec le directeur général-propriétaire. Toute demande trop standard, formulée en termes de « bien se connaitre, mieux s'entendre, etc. mérite un sérieux approfondissement.

---

[5] Stratégies de management, de coaching, et jeux de manipulation, Alain Cardon Amazon & Kindle Books, 2021

L'ensemble de l'équipe, patron compris, décidèrent qu'il faillait que ça change. Pour sortir de cette ornière culturelle, l'accord de ne rien changer des postes et des responsabilités fut élargi à deux ans et sur deux niveaux hiérarchiques. Et le groupe se mis à revisiter les difficultés opérationnelles et commerciales afin d'en assumer la responsabilité collective et mettre en oeuvre des solutions plus pérennes.

- **ATTENTION :** Si ce travail a pu donner de bons résultats c'est que le coach s'est rigoureusement assuré constamment de s'adresser à la responsabilité de l'ensemble de l'équipe.

Au sein d'un tel collectif, la tendance naturelle d'un processus de bouc émissaire serait en effet de trouver le responsable unique... du processus de bons émissaire. Un piège que de nombreux coachs ne savent pas éviter.

CAS 17 : Indicateurs de comportements éthiques

Dans un premier temps, ce récit concerne l'accompagnement de l'équipe de direction générale d'une entreprise dynamique, en pleine expansion internationale, dans le domaine de l'hospitalité-restauration.

L'organisation pratique de cet accompagnement d'équipe, programmé sur trois jours consécutifs dans un cadre résidentiel, fut assuré par un des membres de l'équipe de direction. Ce dernier avait pris son rôle d'organisateur très au sérieux, en choisissant une destination à la fois de qualité et conviviale qui proposait des menus relativement gastronomiques. Il y avait ajouté de nombreuses animations en soirée autour du bar, en journée près de la piscine, une session œnologique de goûter de vins à l'aveugle, une visite d'une cave environnante, un dîner de cloture dans un restaurant presque étoilé, etc.

Lors de l'évènement, ce boute-en-train très actif manifesta rapidement ses capacités d'animateur, de conteur, de farceur et de noceur bon vivant, à chaque fois bien entouré et soutenu par le reste de l'équipe. Il était parfaitement intégré, et leader reconnu dans son entreprise.

Dès l'après-midi du premier jour de travail, suite au repas un peu plus long que prévu, le coach mesura le résultat de ce contexte épicurien si bien orchestré. En comparaison à leur réunion de travail matinale, plusieurs membres de l'équipe manifestèrent une profonde torpeur digestive, des difficultés de concentration, des propos incohérents, hilares voire inappropriés, des sautes d'humeur un peu plus excessives... en somme, une grande dispersion quand à leur capacité de collaboration précédemment professionnelle et efficace.

- **Note :** Le comportement collectif observé rappela au coach une confidence qu'un responsable subalterne lui avait précédemment partagée. Ce dernier lui avait dit lors d'une pause qu'il ne sentait pas qu'il avait un grand avenir au sein de cette société parce qu'il ne supportait pas de boire de l'alcool. Comme il ne pouvait pas suivre dans la consommation de ce type de breuvage, et que c'était un des critères d'appartenance à la hiérarchie sinon au auprès de tout le personnel, il se sentait un peu mis à l'écart.

Ce partage qui avait eu lieu bien avant cette intervention de coaching d'équipe lors d'une rencontre fortuite remonta à la mémoire du coach comme un souvenir significatif. La suite illustra l'importance pour un coach systémique de tenir compte de toutes les informations issues de son expérience vécue avec un client collectif.

Le coach laissa le groupe œuvrer dans ce qui semblait être leur normalité culturelle, jusqu'à l'heure de la pause. Il demanda alors au directeur général si les comportements observés depuis le repas bien arrosé étaient habituels à son équipe ou juste réservés à cette opportunité de rencontre hors lieu habituel de travail et loin de leur contexte organisationnel. Le directeur expliqua que ce comportement collectif resurgissait souvent à midi, était quelquefois pire en soirée, et qu'il ne fallait pas s'étonner que dans le monde de la restauration, l'encadrement sache aussi apprécier les arts de la bouche et les plaisirs de Bacchus. Il ajouta que tout cela faisait quand même partie de la culture française. Ses réponses explicatives excusaient clairement le comportement observé.

- **Note:** De fait, à tous les échelons de l'organisation, les réunions internationales, nationales et régionales fournissaient régulièrement de bonnes opportunités gastronomiques, et cela faisait partie des quelques avantages en nature dont l'encadrement pouvaient jouir dans ce métier souvent très prenant sinon ingrat.

Cette organisation de réunion était donc totalement cohérente si l'on considère le métier concerné, et personne n'y trouvait vraiment à redire. Le premier soir fut bien arrosé, le début de matinée suivante un peu poussive, le deuxième repas de midi à l'image de celui du premier jour.

Note : Il est à noter qu'au niveau statistique sinon sociologique, certains indicateurs de comportement tendent à révéler des critères communs: La consommation élevée d'alcool, la violence et le harassement sexuel caractérisant bien trop souvent des familles et groupes sociaux dysfonctionnels. Lorsqu'un de ces indicateurs comportementaux est observable, les autres risquent fort d'être présent.

Cela n'échappa au coach. Une bonne opportunité d'intervention lui fut rapidement offerte : en début d'après midi, alors que le groupe se préparait, avec difficulté, à reprendre son travail, un serveur de l'hôtel se présenta cérémonieusement dans la salle de réunion avec un plateau sur lequel trônait un seul grand verre de cognac.

_« Voila votre commande de pousse-café », dit-il. Un silence dans l'expectative s'installa dans le groupe, accompagné de regards amusés, pleins de sous-entendus. Le coach demanda qui avait commandé un cognac. Encore un silence.

Et puis en riant bien fort, un des participant désigna le boute en train en disant "C'est lui !" Une bonne moitié du groupe éclata de rire en le pointant du doigt, enjoignant le serveur à lui livrer sa boisson. Ce directeur régional concerné, très étonné, leva alors la voix et dit :
_ « NON, je n'ai rien commandé ! » C'est là que le coach choisit d'intervenir.

Il demanda silence au groupe, puis invita le serveur à poser son plateau au milieu de la salle, en le remerciant pour son service. Il attendit qu'il soit sorti, pour regarder le boute-en-train désigné et lui demander s'il pouvait lui poser quelques questions. Suite à une réponse affirmative, le coach lui demanda alors, le regardant droit dans les yeux, s'il était conscient de ce qui se passait.

Devant son air interloqué, le coach dit alors : _« Tu sembles avoir un rôle clé dans ce groupe. Tu fais office de leader implicite, un peu de fou du roi. D'une part tu le choisis et le fais bien, et en rigolant bien fort, le groupe te pousse à l'assumer encore plus, même si c'est quelquefois malgré toi. « »… (Silence)

_« De façon évidente à l'heure actuelle, ils te poussent à boire, encore plus que tu ne le veux, en rigolant bien fort pour que tu baisses tes défenses, alors même que tu veux te mettre tes limites.

« Pourquoi penses-tu qu'ils te mettent une telle pression ? ...Quand crois-tu qu'ils seront-ils satisfaits ? ...Parce-qu'en consommant de l'alcool sans limites, on peut aller jusqu'à perdre sa santé, son job, sa famille.... (Silence dans la salle). Quand penses-tu qu'ils s'arrêteront? ...Le coach conclut en lui disant « Si tu ne choisis pas forcément tes partenaires professionnels, que pourrais-tu vraiment faire pour bien mieux choisir tes amis ? »

La douche froide prit tout le groupe par surprise et fut suivi par un long silence gêné.

> **Note :** Si lors de son intervention, le coach s'adressait à un interlocuteur précis en le regardant, c'était pour mieux viser ensemble de l'équipe de direction. Cette stratégie d'intervention équivaut à une question puissante de forme récursive, déjà présentée par ailleurs.[6]

De façon plus formelle, le coach s'adressa alors au groupe dans sa totalité:

_ « Est-ce que des thèmes tels que le harcèlement, l'alcoolisme, les accidents de travail, le burn-out, l'absentéisme, ou plus largement la santé de l'ensemble de votre personnel pourrait figurer parmi vos thèmes de travail de comité de direction ? Je vous propose de les considérer de façon urgente ! »

Pour conclure sur ce cas, le comité de direction de cette entreprise pris cette séquence de travail très au sérieux. Ils commencèrent à bien modéliser que les lois concernant la santé, la sécurité, la consommation d'alcool et les autres limites éthiques et déontologiques s'appliquaient vraiment dans leur quotidien.

Ce fut un tournant historique dans cette entreprise, malheureusement pas assez communiqué au sein du public plus large. Il reste encore beaucoup d'entreprises françaises (et étrangères) qui n'adressent pas différentes formes de consommations excessives et de harcèlement collectif, sexuel ou pas. De même pour de nombreux coachs.

CAS 18 : Harcèlements collectifs

---

[6] Voir Questions puissantes et coaching systémique, Alain Cardon, Alain Cardon Amazon & Kindle Books, 2021

Considérons un exemple d'un harcèlement collectif complémentaire qui illustre l'importance de l'observation attentive d'indicateurs comportementaux au sein d'un comité de direction. Il s'agissait ici d'une entreprise de distribution. Si l'équipe concernée par ce coaching travaillait de façon exemplaire en salle et sur ses objectifs professionnels, ses membres savaient aussi intensément s'amuser voire franchement chahuter une fois les heures de travail terminées.

Cette équipe était majoritairement composée de jeunes hommes relativement dynamiques et sportifs, tous prêts à se mettre en boite, se jouer des tours, quelquefois se bousculer dans une ambiance potache, voire virile. Leur dynamique collective manifestement paritaire constituait une force qui se révélait utile lorsqu'ils travaillaient en équipe. Ils savaient se challenger les-uns-les-autres de façon directe sans trop se ménager.

Il en résultait une forme d'émulation collective qui permettait à cette équipe compétitive d'agir, d'interagir et de réagir à un niveau élevé d'énergie dans la mise en oeuvre de tous leurs projets. Les deux femmes qui faisaient partie de l'équipe tentaient de s'intégrer dans une ambiance de blagues souvent gauloises, sinon grivoises, qui avaient pour objectif de les taquiner à la limite du malaise quelquefois irritant.

Au cours d'une pause servie au bord de la piscine, cependant, cette forme de camaraderie masculine commença à déborder. Après quelques tentatives de bousculade, un des membres de l'équipe fut poussé à l'eau, un bras cognant le bord de la piscine provoquant une blessure légère, son portefeuille et sa montre subissant sans doute quelques dommages collatéraux. Remarquant quelques regards complices, le coach comprit que son tour pourrait arriver. Il prit rapidement distance afin de se protéger, et les deux femmes en firent autant. N'ayant pas provoqué des conséquences plus importantes, le tout fut rapidement oublié dès le retour en salle de travail.

Mais ne perdant pas le nord et de façon plus sérieuse, le coach posa d'emblée quelques questions à cette équipe de direction, en leur demandant de vraiment dialoguer ensemble, sans balayer les différents points de vue qui pourraient les gêner.

Questions:
- Comparé à leur secteur d'activité et pour leur entreprise, quel était leur taux d'accidents de travail, le niveau de stress, le taux de burnout et le taux de maladie professionnelle ou pas ?

- Aussi, quel était leur proportion de personnel féminin, et leur taux de démission par rapport au turnover masculin ?
- Enfin, quelles pourraient en être les conséquences sur la culture de l'entreprise, leur image publique ou réputation collective, et leurs résultats ?

Il s'avéra que les taux en question étaient relativement élevés. Au cours de la suite de la discussion, les quelques femmes de l'équipe saisirent l'opportunité pour s'exprimer avec véhémence sur le manque de respect qu'elles subissaient au quotidien, quelquefois même de la part des clients, et sur leur conscience qu'elles étaient souvent proche de donner leur démission.

- **Note :** Le coach dut plusieurs fois intervenir afin de s'assurer que la gravité des différents points vue confrontants soit entendue malgré diverses tentatives de la minorer, en repartant dans la rigolade disqualifiante.

Cet échange authentique permit à ce comité de direction de mesurer que :

- S'ils étaient conscients que le harcèlement professionnel et sexuel le plus évident était celui pratiqué par des personnes individuelles, en position dominante et de pouvoir,
- Ils ne percevaient pas les conséquences d'une autre forme de harcèlement collectif perpétué sous une forme plus culturelle, ou « gauloise », dont ils étaient collectivement responsables.

Leur travail de confrontation donna lieu à la mise en oeuvre de toute une série de directives et de mesures précises relatives à la qualité de vie au sein de l'entreprise. Le comité de direction donna l'exemple. Les managers prirent le relais. Leur taux de démissions, d'accidents, de stress et de burnout fut fortement réduit au cours des six mois qui suivirent.

- **Note :** En rappelant que le coach systémique est un observateur participatif au sein de systèmes qu'il accompagne, il lui est presque impératif de suivre de près toutes ses réactions, intuitions et émotions, tous ses sentiments qui pourraient émerger au cours de ses accompagnements.

C'est surtout en tenant compte de ses propres indicateurs personnels ou internes les plus anodins qu'il saura intervenir de façon appropriée, au profit de la santé durable de l'environnement qu'il est proposé d'accompagner.

CAS 19 : Les indicateurs de fuites

Le comité de direction d'une organisation demande a une coach de l'accompagner pendant trois jours pour l'aider à se centre sur la résolution de difficultés structurelles installées de longue date :

- Le turnover du personnel est relativement élevé, comme celui de leurs clients. Le vol est aussi un souci majeur, comme les pertes financières, la casse de matériel. Ils ont des soucis de recrutement de bons profils, semblent avoir de nombreux indicateurs de mauvaise qualité-client, à la fois dans leur proposition de service et de produits.
- Par ailleurs, une énorme pression est ressentie par tous les services fonctionnels, finances, RH, recrutement, qualité, sécurité, etc.

Une date est arrêtée pour effectuer un travail de quatre jours.

Un peu plus d'un mois avant, le directeur général appelle le coach pour lui annoncer qu'il est nécessaire de reporter la date et en demander une autre. Le coach réponds intuitivement qu'il propose la même semaine, un an plus tard. Etonné, le PDG demande alors s'il n'y a pas d'autre créneaux avant un an. Et le coach lui répondit que comme ils fonctionnaient tous sur un mode de gestion de l'urgence, par crises successives, ils reporteront très probablement la date plusieurs fois. Alors autant tout de suite décider d'attendre un an, afin de voir s'ils seront plus stratégiques dans un avenir plus lointain.

- **ATTENTION :** Il est utile de constater ici qu'une entreprise qui reporte une commande à la dernière minute ne fait qu'exporter le coût de ses difficultés de gestion du temps sur ses fournisseurs.

Après une longue négociation téléphonique, le coach lâche du lest. La date prévue est retenue, mais sur seulement deux jours pleins. Afin d'assurer le présence dès neuf heures du matin dans un hôtel de province, les participants arriveront tous la veille, et personne ne prendra d'engagements nécessitant leur départ anticipé avant 18 heures le lendemain. Aussi, afin d'assurer la présence de chacun, les téléphones portables seront éteints pendant les heures de travail.

Malgré la précision préalable de ces modes opératoires permettant d'assurer la présence et l'assiduité des membres du comité de direction, une part importante de l'équipe arriva en retard. Le groupe ne fut temporairement au complet que vers l'heure de la première pause matinale. Par la suite et malgré les confrontations répétées du coach concernant la présence des participants en pointillé, diverses absences en rotation continue fit que l'équipe fut rarement au complet. De plus, le travail du groupe fut régulièrement interrompu par des livraisons diverses de dossiers et autres rapports urgents qui devaient être traités en coulisses par divers participants, dont souvent le directeur général.

- **ATTENTION :** L'indicateur d'engagement en jeu lors de l'ensemble des deux jours concerne la gestion des frontières de l'équipe de direction. En réunion de direction comme lors de cet évènement, elle ressemblait à une véritable passoire.

Sachant qu'au niveau systémique, lorsque le noyau d'un système manifeste certains critères d'existence et de fonctionnement opérationnels, ces critères sont reproduits dans l'ensemble du système subalterne. En effet, les processus de travail d'un comité de direction en réunion illustrent en microcosme les processus de travail de l'ensemble de l'entreprise qu'il dirige.

A l'occasion, le comité de direction illustrait à merveille le manque de structure de l'ensemble de l'entreprise telle qu'il se manifeste dans la gestion de frontières. Fonctionnant à la manière d'une start-up, de façon extrêmement réactive et créative sur tout ce qui pouvait émerger, toute tentative de mettre en oeuvre un tant soi peu de méthode structurante était vouée à l'échec. Toutes les personnes concernées se considéraient comme totalement engagées. En effet, elles déployaient toutes une quantité impressionnante d'énergie, en travaillant sous stress, presque sans compter leur temps. Malheureusement, vu le manque de contenant, ou de minimum de structure, cette énergie était presque continuellement dilapidée.

Ce comité de direction ne mesurait pas l'étendue des conséquences systémiques de leurs comportements sur l'ensemble de l'organisation. En effet, tous les problèmes de l'entreprise, turnover du personnel en burn out et des clients mécontents, disparition et casse matérielle, pertes financières, difficultés de recrutement, qualité incertaine de produits et de services, etc. ne sont tous que des indicateurs de mauvais management de frontières.

A l'analyse, ce comité de direction constata que les opérationnels de service et de production étaient ceux qui instauraient ce mode opératoire de gestion par crises. Plus ils fonctionnaient dans l'urgence, plus ils pouvaient prendre le reste de l'organisation en otage. Ainsi, les RH, la formation et le recrutement étaient responsable de trouver et former le personnel qui permettaient de remplacer toutes les démissions. Les comptables financiers devaient faire le tri dans les remontées financières toujours erronées. Le service sécurité devait accumuler les contrôles et faire la chasse pour limiter la disparition matérielle.

- Si la pression effective étaient sur toutes les fonctions support, l'origine de tous les problèmes était due au manque de méthode des managers opérationnels.

Le travail de ce comité de direction fut relativement difficile à mettre en oeuvre. En effet, les opérationnels eurent d'énormes difficultés à accepter de modifier leurs comportements. Jusque là, en fonctionnant comme des barons dont le fonctionnement imprévisible, justifié par l'urgence en continue, ne pouvait être remis en question. Pour eux, c'était aux divers services supports de tout nettoyer, d'assurer un peu d'ordre au sein du système, après tous leurs passages totalement déstructurants.

Ce cas illustre comment l'accompagnement des processus d'une équipe le temps d'une réunion peut servir de diagnostic de l'ensemble des champs opératoires qu'elle manage. Si la démonstration est principalement centrée sur un seul indicateur d'engagement collectif, celui de la gestion des frontières dans l'espace, il est utile pour coach systémique de bien savoir relever ceux qui ont trait dans d'autres dimensions telles le temps, l'énergie, la matière, l'éthique, etc.[7]

---

[7] En ce qui concerne les indicateurs d'engagement au sein de systèmes, consultez Le coaching systémique d'équipe et d'organisations, Alain Cardon, Amazon et Kindle, 2021

COACHING SYSTÉMIQUE D'ÉQUIPES ET D'ORGANISATIONS

Avant d'aborder le coaching d'équipes et d'organisations, envisageons ce que peut-être un coaching systémique d'un groupe cohérent, c'est à dire d'un ensemble de participants du même niveau hiérarchique, tous issus de la même entreprise et ayant le même type de responsabilité. A la différence d'un coaching d'équipe ou d'organisation où leur responsable opérationnel serait présent, il s'agirait d'un accompagnement en coaching d'une couche transversale, sans patrons.

Cas 20 : Coaching de groupe transversal

Il s'agit ici d'un cas vécu dans les années '90, au sein d'une entreprise hôtelière dont le réseau européen comprenait près de six cent unités. Une demande d'accompagnement sur deux jours, fut formulée par les vingt-cinq directeurs régionaux, centrée sur leurs enjeux communs, visant à atteindre des résultats mesurables pour l'ensemble de l'organisation. Même si ces directeurs étaient issus de structures nationales différentes et ne travaillent que très rarement tous ensemble, ils étaient tous du même niveau hiérarchique. Quoique sans leur hiérarchie, la nature du groupe et l'envergure des résultats qu'ils ambitionnent de réaliser positionnait leur demande dans un contexte de coaching d'organisation.

Suite à l'appel au coach en puissance par un des directeurs régionaux pour arrêter le principe d'un accompagnement sur deux jours et pour déterminer les dates et le lieu de cet événement, le coach reçut un appel du DRH du groupe, très concerné, sinon consterné. Ce dernier fit part de son étonnement :

- Que signifie cette initiative ? Quel est le sens d'un travail d'accompagnement effectué par une couche entière de l'organisation en l'absence de leurs hiérarchiques ? Comment s'assurer que les conclusions de leur travail soient en ligne avec la politique et les objectifs du comité de direction ? etc.

Cet appel par le DRH de l'entreprise ne manqua pas d'intérêt. Le coach était déjà bien introduit auprès de l'organisation. Il avait précédemment accompagné en coaching *d'équipe* le comité de direction et un certain nombre d'autres équipes nationales et régionales. Il rappela au DRH que si la démarche pouvait paraître originale voire surprenante, elle s'inscrivait entièrement dans le cadre du développement de l'esprit d'initiative des opérationnels prôné par la direction.

Si, en effet, les directeurs régionaux de l'entreprise jugeaient utile d'effectuer un travail en commun pour mieux s'aligner et coopérer dans une dimension internationale, ceci en traversant les frontières territoriales internes, il pouvait être intéressant pour le comité de direction de soutenir cette initiative.

La démarche pouvait en effet surprendre les directeurs de pays et de grands territoires qui pourraient percevoir l'initiative comme une perte de leur contrôle hiérarchique. Elle pourrait même inquiéter l'ensemble du comité de direction si la population de l'ensemble des directeurs régionaux venaient à contester leur autorité. Au vu de la maturité de cette population et de la précédente démarche d'évolution de l'ensemble de l'organisation, ces préoccupations semblent toutefois dénuées de fondements réels.

Suite à la discussion entre le coach et le DRH de l'entreprise, et après une rapide concertation du comité de direction, un certain nombres de décisions furent arrêtés :

- Le principe d'un accompagnement en coaching, sur deux jours, au profit des vingt-cinq directeurs régionaux fut accepté.
- Il fut préalablement demandé aux directeurs régionaux de fournir un document listant leurs objectifs et l'ordre du jour des principaux sujets de la rencontre.

- Il leur fut demandé de fournir par la suite une liste des décisions opérationnelles qu'ils entendaient mettre en œuvre suite à l'accompagnement, pour information et validation par le comité de direction.

Il y a fort à parier que la décision finale fut fortement appuyée par une vision stratégique véhiculée par le PDG.

Cet intermède précédant les deux jours suscite quelques commentaires sur les critères qui caractérisent des accompagnements réussis en coaching d'organisation.

- **Premièrement,** comme ce cas peut l'illustrer, une action de coaching d'entreprise peut être initiée et mise en œuvre par n'importe quel niveau d'une organisation autre que son comité de direction, si toutefois cette action reste cohérente avec la vision et la mission de l'entreprise.

Dans notre cas, le fait que cette action soit initiée par toute une couche de hiérarchie intermédiaire et opérationnelle est à la fois rare et plutôt bon signe. Peu d'entreprises peuvent se vanter d'avoir une population transversale entière décider de prendre les moyens pour mieux coopérer afin de devenir plus efficace. Il y a peu de doute que cette population est bien plus motivée que si elle devait effectuer exactement la même démarche mais sous l'impulsion de la direction générale.

- **Deuxièmement,** une action de coaching d'organisation doit s'inscrire au sein d'une démarche validée voire suivie par la direction générale, sinon appuyée par le PDG. Il est en effet difficile de concevoir qu'une action ayant un effet sur la totalité d'une entreprise échappe à l'implication de son comité de direction.

Dans notre cas, il est fort possible que la réaction initiale et presque défensive du DRH soit une verbalisation de ce que ressentaient les membres des directions opérationnelles responsables des régionaux. Les patrons de pays et de grandes zones françaises pouvaient voir d'un mauvais œil une subite collaboration transversale internationale qui faisait fi de leur conception territoriale de l'organisation. Ce n'est qu'après discussion et probable décision du PDG qu'ils ont décidé de laisser l'initiative se dérouler. Par conséquent, l'initiative opérationnelle commençait déjà à provoquer à la fois de la résistance et de la réflexion au sein du comité de direction avant même d'avoir démarrée.

Toujours est-il que sans plus de rendez-vous ni de préparation, le coach se présenta au lieu défini pour accompagner les vingt-cinq directeurs régionaux pendant les deux jours prévus. L'architecture du travail se révéla des plus simples, les participants optants pour un travail en réunion plénière de façon continue. Dès la première heure, le coach pris une position de participant en se fondant dans le groupe qui se centra sans tarder sur le traitement de son ordre du jour.

Après une vingtaines de minutes de travail mené de main de maître par un animateur volontaire issu du groupe (assisté d'un cadenceur énonçant le temps qui passe et d'un pousse-décision_provoquant le groupe à continuellement se centrer sur la prise de décisions), le coach demanda la parole. Il voulut clarifier son contrat d'intervention. Il souhaita préciser si le groupe souhaitait un accompagnement de coaching que sur la forme ou les processus de leur travail, que sur le contenu opérationnel de leur réunions, ou encore indifféremment sur les deux.

- **Note :** Comme en coaching individuel ou en coaching d'équipe il est utile de régulièrement impliquer le client dans le processus d'accompagnement par des accords de séquence voire d'interruption par le coach. Lors de cette expérience, le contrat global d'accompagnement en coaching sur les deux jours était précis, mais le détail du processus relativement indéfini.

Les participants du groupe avaient presque tous vécu une expérience préalable de coaching d'équipe au sein de leurs équipes hiérarchiques. Ils savaient déjà comment le coach se limiterait à les accompagner lors de leur travail de groupe centré sur l'atteinte leurs propres objectifs. Sans trop se focaliser sur la présence du coach, ils s'étaient bien préparés pour pleinement profiter des deux jours, afin d'abattre un maximum de travail ensemble. Au vu de cet historique et de la relation de confiance déjà établie avec le coach, leur réponse fut relativement ouverte. Ils proposent simplement au coach d'intervenir soit sur le processus, soit sur le contenu, soit sur les deux, au choix, et retournèrent rapidement à leur ordre du jour, qui n'attendait pas.

La suite de l'accompagnement se passa sans grande surprise. Le groupe était bien rompu au travail en réunion à la fois efficace, créatif et permettant la participation active de tous. Tous les sujets prévus furent traités avec engagement et chacun d'entre eux fut conclu par de nombreuses décisions pratiques, des pilotes, des délais, des moyens de mesures, etc.

A deux reprises, le groupe envisage de se diviser en deux sous groupes pour faciliter les échanges et avancer sur plusieurs thèmes en parallèle. A chaque fois, l'option n'est pas retenue pour privilégier le développement d'une cohérence à vingt-cinq et pour roder un travail efficace et engagé, ceci malgré leur grand nombre.

En respectant cette architecture du groupe, le coach fit des interventions quelquefois en participant au contenu et quelquefois en questionnant sur la forme. De temps à autre, par exemple il posa une question sur le sujet de la réunion de façon à proposer un élargissement du débat, un changement de perspective, une modification du cadre de référence. Attention, ces questions ne concernaient pas les sujets de travail, mais la façon de participer au travail déjà programmé au sein de l'ordre du jour préétabli :

- Que pouvez-vous faire pour mieux communiquer vos pratiques exceptionnelles (best practices) sans jamais vous réunir ?
- Comment présenter des options de groupes de projets qui sont sûrs d'intéresser la direction générale par la qualité ou la rentabilité de leurs objectifs ?
- Comment pouvez-vous impliquer votre niveau subalterne, vos directeurs d'unités, pour qu'ils s'inspirent de votre expérience sur deux jours pour faire quelque chose d'équivalent, mais entre eux ?
- Que pouvez-vous faire pour devenir un pool de ressources encore plus efficace, capable de soutenir la direction générale dans tous ses travaux de recherches stratégiques ?

- Que peut proposer votre niveau organisationnel pour mieux inspirer et accompagner la communication interne et externe de l'entreprise ?
- Etc.

De temps en temps, le coach posa une question sur la forme de la réunion ou de la participation de chacun, de façon à aider le groupe à se recadrer, se recentrer, ou au contraire à se laisser un peu aller.

- Plusieurs participants, dont peut-être moi-même, manifestent ce qui ressemble à une baisse d'énergie. Est-ce lié à la tournure que prend le sujet, ou est-ce parce qu'une pause s'impose?
- Que faites vous en général, quand deux participants monopolisent la parole au sein d'un débat ?
- J'ai du mal à comprendre en quoi la discussion est liée au sujet de cette séquence. Est-ce clair pour vous tous ?
- Quelle forme pourrait avoir la décision que vous venez de prendre si vous vouliez obtenir l'adhésion d'une majorité plus conséquente ?
- En ce moment, comment pouvez vous mieux soutenir les rôles de facilitateur, de cadenceur et de pousse-décision qui sont à votre service ?
- Etc.

Malgré les deux listes d'exemples de questions ci-dessus, les deux jours de réunions furent extrêmement efficaces au point de donner au coach le sentiment d'être peu utile. Le groupe manifesta une grande capacité à avancer sans difficultés en restant bien centré sur ses objectifs, et ceci à vingt-cinq participants. Chaque sujet fut traité de façon extensive, dans les temps, aboutit à de nombreuses décisions accompagnées de plans d'action. L'ensemble des décisions furent bien relevées afin de garder des traces précises, et le tout dans une forte concentration teintée de bonne humeur.

Le coach fut conscient à la fois du bon niveau de performance du groupe et de sa tendance à vouloir intervenir pour justifier sa présence.

-

Plutôt que de trop se concentrer sur les processus du groupe, le coach lâcha sa créativité en intervenant plutôt sur le fond, comme le ferait un participant inventif.

ATTENTION: Ce type de participation au contenu nécessite quelques précautions pour rester dans un cadre de référence de coach:
- Le coach n'intervient pour proposer des options ou idées que sous forme de questions ouvertes et créatives.
- Il ne répond pas à des demandes de précisions sur une de ses idées qui suscite de l'intérêt, mais renvoie ces éventuelles questions au client pour que ce soit lui qui les développe ou les approfondisse.
- Le coach ne rentre pas dans un débat pour répondre ou défendre le bien fondé de son idée, mais se tait et suis la forme que prend la discussion.
- Plutôt que de se contenir à des questions évoquant des options concrètes, le coach centre aussi ses questions sur des dimensions plus globales ou stratégiques.

Ces attitudes et comportements du coach d'organisation ne sont que des reflets d'une posture de coach individuel ou d'équipe. Ils sont mis en œuvre en coaching quelque soit la nature ou la taille du client en situation.

La résolution du syndrome de l'imposteur

A la fin de ces deux jours et en position basse, le coach partagea ses doutes sur la réelle valeur ajouté qu'il a pu apporter lors de cet accompagnement.

- **NOTE:** C'est ici que se pose le syndrome d'imposture du coach. Comment justifier sa présence lorsque le client avance très bien tout seul ?

Il partagea sa perception du groupe qu'il trouvait réellement performant, et son sentiment d'en avoir fait bien peu en termes de valeur ajoutée. Issues de la discussion qui s'ensuit, quelques réflexions de la part du client méritent d'être partagées.

1. « Nous ne t'avons pas choisi pour ce que tu fais, mais plutôt pour ce que tu ne fais pas. »

Cette remarque permet de poser le cadre de référence du coaching tel qu'il est pratiqué en individuel, en équipe ou en organisation. Le coach n'apporte pas un contenu au client, pas plus qu'il ne fait avancer le client dans un sens précis. Il n'anime pas le groupe. Le coach fournit tout simplement au client un espace au sein duquel ce dernier peu se déployer pour atteindre ses propres objectifs tel qu'il les définit et à la manière qu'il entend les atteindre.

2. « Si tu n'étais pas présent lors de ce travail, nous n'aurions pas pu être aussi centrés ni aussi efficaces. »

Cette remarque souligne que la présence attentive et silencieuse du coach permet au client de se déployer beaucoup mieux que dans son éventuelle absence. Par son attention centrée sur le travail du groupe, il permet son recentrage en continu. Par son écoute attentive, il modélise et accentue la qualité d'écoute au sein du groupe. Par son énergie positive centrée sur les résultats stratégiques, le coach modélise et accentue cette énergie résolutoire au sein du système. En deux mots, le coach agit en témoin attentif et bienveillant, et s'évertue à ne surtout pas faire autre chose d'utile qui pourrait entraver le cheminement du client.

3. « Si tu nous avais aidé de façon plus active, nous ne serions pas rendu compte que nous avons tout ce potentiel en nous. »

Cette remarque souligne la réelle valeur ajoutée de la démarche de coaching. En accompagnant un client dans son propre déploiement centré sur l'action, le coach offre un espace de croissance au sein duquel le client se découvre, expérimente et apprivoise son propre potentiel. C'est l'espace du coaching qui permet au client de faire ses premiers pas dans des dimensions qui lui sont inconnues.

Cette particularité du coaching, où le coach ne fait pas grand chose en ce qui concerne le contenu du travail du client, est sans doute à la racine du sentiment d'imposture de beaucoup de coachs débutants. La même perception est d'ailleurs relativement courante au sein d'un public qui souvent, ne comprends pas du tout à quoi un coach peut bien servir. S'il n'analyse pas le problème, ne propose pas de solutions, n'aide pas ou ne porte pas le client, ne le conseille pas... à quoi peut-il vraiment servir?

Ces dernières réflexions peuvent aussi provoquer un certain nombre de questions qui concernent directement le coaching de grands groupes et d'organisations.

- Si c'est l'espace du coaching qui permet le travail du client, quelles peuvent être différentes formes d'architectures de cet espace lorsqu'il s'agit d'équipes ou de groupes encore plus conséquents?
- Comment le positionnement du coach peut il avoir une influence positive ou limitante sur le travail d'un client collectif?
- Comment se servir de l'environnement physique du coaching pour permettre un meilleur travail par ce type de client institutionnel ?
- Comment le coach et le client peuvent-ils ensemble décider de modifier l'architecture de l'environnement du coaching pour mieux permettre la réalisation de résultats ?

Nous verrons que ces questions sont essentielles dans l'accompagnement de systèmes complexes en coaching. En effet, plus le groupe en présence d'un accompagnement par un coach est large, plus se pose la question des modifications utiles de l'architecture du groupe et de l'environnement de travail, afin de lui permettre de mieux atteindre ses objectifs.

La capacité à jouer de l'espace du coaching devient ainsi une des compétences essentielles du coach d'organisations. Ce point sera abordé de façon spécifique au sein des chapitres suivants, dédiés à ce thème.

CAS 21 : Le pilotage d'un changement en entreprise

Le Directeur Général d'une entreprise pharmaceutique fit appel à un coach afin d'entamer une démarche de changement au sein de son organisation. Il avait déjà suivi une démarche de coaching individuel et pressentait le besoin d'effectuer un processus de remise en question au sein du système qu'il dirigeait. Afin de ne pas s'installer dans une routine, il voulut faire ce travail organisationnel avec un coach différent.

Lors du premier rendez-vous avec son nouveau coach il exposa sa situation de façon assez surprenante. « Tout va bien », dit il. Nos résultats sont bons, notre progression est assurée sur les années à venir. Les équipes sont compétentes, nos actionnaires satisfaits, nos syndicats sont raisonnables, nous avons une bonne gamme de produits, et dans l'ensemble, le management est apprécié par le personnel. Alors je m'inquiète. Je pense que nous pourrions nous endormir sur nos lauriers. Pouvez-vous nous challenger ? Nous aider à nous remettre en question, à commencer par le comité de direction où je n'entends plus de débats contradictoires ni de nouvelles idées ou ambitions ?

La réponse du coach fut simple : « Oui. Je peux vous challenger. Si vous voulez commencer par le comité de direction, il suffit de se fixer trois jours de coaching en équipe, tous ensemble, hors du lieu habituel de travail. Nous pouvons commencer quand vous voulez. »

- « Comment allez vous procéder ? » demanda alors le Directeur Général. « De façon émergente, tous ensemble, dans une recherche collective autour de ce thème » répondit le coach.

_« Et quel sera le programme de ces trois jours ? » demanda le DG.
_« Puisque le travail sera émergeant, il n'est pas possible d'en savoir plus avant de le démarrer » fut la réponse. __« Allez-vous procéder à des interviews préalables pour mieux préparer les trois jours ? » demanda encore le DG.
_« Il n'est pas utile que j'en sache plus avant que l'on démarre, puisque c'est l'équipe qui va faire le travail ensemble sur place. Ils pourront se dire tout ce qu'ils auront à se dire. Il n'y a pas de sens à ce qu'ils me le disent avant. »

_« Alors il n'y a pas plus de programme que ça ? » commence à s'inquiéter le DG.
_« Non. En tout les cas pas au niveau du contenu. Selon ce qui se passe, on peut imaginer du travail tous ensemble, par sous-groupe, seul, à deux ou trois. Mais c'est vraiment selon comment nous avancerons. Sur ce point, nous pouvons d'ailleurs régulièrement nous consulter tous ensemble, puis vous déciderez, si cela s'impose vraiment. »
_« Vous me demandez de vous signer un chèque en blanc, à ce que je vois. » La réponse du coach fut surprenante pour le DG. _« Il s'agit plutôt de le faire pour votre équipe. » C'est à elle que vous allez faire

confiance de poser le problème d'une possibilité de changement et de trouver des avenues et options pour le mettre en œuvre. Pensez vous qu'elle soit capable d'effectuer ce travail sans que tout soit préalablement cadré ?

- **NOTE** : Le fond du problème était posé. Comme ce patron hyper efficace contrôlait tout très bien, tout lui devenait totalement prévisible. L'entreprise fonctionnait remarquablement, mais l'ensemble arrivait à la limite du style de management modélisé par le dirigeant. Plus rien ne sortait de son cadre.

En l'espace de quelques minutes, le directeur général se rendit compte que s'il voulait de la remise en question ou une possibilité de renouvellement au sein de son entreprise, cela devait commencer tout immédiatement. Il ne pourrait pas contrôler le détail de la démarche de coaching en espérant que les résultats seraient différents de tout ce qu'il faisait déjà dans sa façon de manager son entreprise. A la fin du rendez-vous, il demanda une proposition budgétaire et un temps de réflexion. Il décida d'effectuer la démarche et ce premier coaching d'équipe permit un travail de transformation de la culture et des résultats de l'entreprise sur plusieurs années.

Le paradoxe du pilotage du changement

Le bon sens commun voudrait que le moyen le plus efficace pour mettre en œuvre le changement dans les organisations soit de commencer avec son leader. Pour accroître l'efficacité d'un tel processus en l'élargissant à un groupe, nous pouvons aussi considérer que c'est à l'équipe de direction d'une entreprise de piloter le changement des entreprises, comme ce serait aux gouvernements de piloter les transformations dont dépend l'avenir de chaque nation.

Effectivement, étant donné que le sujet est d'une importance stratégique capitale, notez que la plupart du temps, le leadership des entreprises et des pays prend officiellement la responsabilité de la gestion du changement. Par conséquent, séparément ou ensemble, les élus, les PDG et les équipes de direction, ceux qui représentent le centre décisionnel de nos organisations, affirment que c'est à eux que revient le pilotage de l'évolution significative des organisations qu'ils encadrent. De fait, la gestion du changement est considérée comme l'une des responsabilités principales de nos leaders.

Paradoxalement, cependant, un point de vue systémique sur la gestion du changement pourrait indiquer que le centre décisionnel des entreprises peut être l'entité la moins compétente pour piloter l'évolution du changement de nos organisations. De même pour les gouvernements. C'est d'ailleurs bien souvent l'endroit le plus difficile où l'on pourrait commencer à initier un changement fondamental des systèmes concernés. En effet, l'histoire semble prouver qu'afin d'initier tout changement réel dans les systèmes professionnels, politiques ou sociaux, le mieux est de commencer très loin de leurs centres de contrôle, si possible quelque part très proche de la périphérie externe des systèmes concernés.

- **NOTE** : La fonction du noyau d'une cellule vivante et plus particulièrement de son ADN est d'assurer la stabilité et une reproduction relativement maîtrisée au fil des générations. Par conséquent, la fonction de l'ADN est fondamentalement homéostatique ou conservatrice.

La même chose peut être dite de la plus grande part des fonctions de direction de tous les systèmes, tels que les gouvernements, les chefs d'Etat, les mairies, les patrons, les responsables d'équipes voire les parents au sein d'une famille.

- **NOTE** : Très paradoxalement, alors qu'ils sont au centre d'une dynamique conservatrice, tous ces dirigeants insistent sur le fait qu'ils sont chargés de piloter changement. C'est en fait la meilleure façon de contrôler toute possibilité de nouveauté.

De fait, le premier objectif de toute personne en position de direction est de maintenir sa fonction de leadership le plus longtemps possible. La préservation de son pouvoir de décision, l'impératif d'assurer sa place et se faire renommer ou réélire sont généralement ses premières priorités. Et sa priorité suivante sera souvent de faire en sorte que sa progéniture hérite de son poste de direction.

Plusieurs études sur les grandes équipes de direction d'entreprises semblent prouver que la majorité des décisions exécutives ont pour effet principal d'augmenter leur propres appointements, leurs propres avantages en nature, leur propre zone de confort, et de sécuriser leurs propre postes le plus longtemps possible, avec des parachutes dorés, au cas où. Il a rarement été observé que des organes de direction mettent spontanément en œuvre des changements profonds au sein de systèmes, à moins d'être mis dos au mur, fortement poussés par leurs électeurs ou actionnaires. Les autocrates installés et les partis au pouvoir n'ont tout simplement pas comme priorité de mener des révolutions.

- **NOTE** : Paradoxalement, la meilleure façon pour un système de direction ou de gouvernance de contrôler toute velléité de changement organisationnel est d'annoncer haut et fort qu'elle s'occupe de gérer ce changement.

Si le pouvoir en place est en charge de la gestion du changement, il sera évidemment le mieux placé pour contrôler et limiter la mise en œuvre de toute proposition réellement innovante. Par conséquent, dans une grande majorité de systèmes, toute velléité ou volonté de changement est adressée au leadership, et c'est ainsi que ce dernier peut rapidement mettre en œuvre des stratégies visant à étouffer l'innovation, ou à la retarder aussi longtemps que possible.

Les coachs et consultants professionnels font souvent face au fait que la plupart des programmes d'innovation pilotés par des organes centraux ont rarement rencontré un succès fracassant. Quand ils atteignent leurs objectifs, c'est bien souvent en occasionnant des coûts exorbitants en énergie, en temps et en d'argent. L'innovation réussit bien mieux quand sa gestion est sortie des mains des dirigeants, quand sa période d'incubation est suffisamment protégée des interventions du siège et des organes de contrôle, si possible jusqu'à ce qu'il soit trop tard pour qu'ils puissent résister à sa mise en œuvre.

- **NOTE** : Aujourd'hui, la meilleure, voire la seule façon pour une entreprise établie de réellement innover passe par l'achat d'une autre plus petite et plus périphérique, une pépite inconnue.

Nous pouvons souvent constater que lorsque des consultants ou coachs sont invités par les Ressources Humaines ou par des cadres supérieurs pour aider à mettre en œuvre un changement stratégique, ils sont en fait invités à prouver que ce changement n'est pas possible. Pour preuve : ces consultants et coachs sont généralement invités à d'abord faire leurs preuves au sein de départements, de divisions ou d'unités où tous savent qu'ils auront bien peu de chances de réussir. Pour déployer une bonne résistance, il n'y a en effet pas mieux que de faire ses preuves dans des zones considérées sans espoir.

- **NOTE** : Imaginez que l'on demande à un coach sportif de préparer une équipe de foot à mieux gagner, mais en lui imposant la condition de commencer par entraîner les joueurs les plus faibles ou incompétents afin d'en faire de champions.

Aussi, les directions d'entreprise proposent souvent aux coachs et consultants de d'abord présenter ou tester leur approche au sein même de l'équipe de direction. Ils veulent en tester l'efficacité en premier. Cette équipe fera alors tout son possible pour résister, annuler, disqualifier ou différer les programmes innovants qui pourraient aider à concrétiser une réelle transformation organisationnelle. De fait, les échelons subalternes sont souvent plus ouverts à l'innovation, et savent la mettre en œuvre. Ils sont plus opérationnels et centrés sur l'obtention de résultats. C'est là, en impliquant totalement des opérationnels de terrain, qu'il faut commencer toute tentative de changement.

- **NOTE** : Une autre stratégie de comité de direction consiste à rapidement trouver d'autres priorités très importantes. Elles font soudainement surface, et les moyens mis au service de mise en œuvre de programmes de changement sont soudainement mis au service d'une autre ambition, ou simplement éliminés afin de faire des économies budgétaires.

Généralement seuls les programmes inoffensifs passent le test de la direction. Ils seront unanimement pour tout ce qui ne bouscule pas leurs habitudes historiques, leur zones de confort, leur équilibre de pouvoir, leur longévité, leur aversion au risque, leurs peurs de ce qu'ils ne maîtrisent pas, et quelquefois leur réelle intelligence. La raison pour cela est simple : Au sein de toute organisation, les équipes exécutives en sont les arènes les plus politiques. S'il peut un jour modifier les équilibres politiques, territoriaux et de pouvoir au sein du pouvoir central, même le changement le plus subtil sera perçu comme potentiellement dangereux voire inacceptable.

Une autre stratégie de comité de direction consiste à prétendre piloter le changement par de grandes annonces, des campagnes de marketing internes, des slogans et posters conçus pour faire rêver, impressionner, motiver. A grand frais, ces campagnes d'annonces de grands changements stratégiques, culturels ou existentiels sont déroulées du siège vers les provinces les plus reculées.

- **NOTE** : En général, ces pilotages de changements restent conceptuels, par exemple sur le trépied de notre mission qui repose sur le personnel, les clients, les actionnaires, ou les piliers de notre culture qui représentent la concertation, l'éthique, l'authenticité, la performance. Bien entendu, il ne faut rien avancer de mesurable dans les comportements, les délais, les résultats.

De la conception à la fin des campagnes de communication, ce type de pilotage peut mobiliser de nombreuses personnes et faire grand bruit. En général un an après la fin de ce type de marketing conceptuel de masse, il n'en reste que quelques faibles rumeurs. Deux ans plus tard, tout est rentré dans l'ordre du train-train quotidien. Alors subitement, tout le monde doit remettre le couvert, avec d'autres mots, des slogans plus modernes, des anglicismes plus percutants. Et à nouveau, c'est le comité de direction qui pilote ce changement !

- **NOTE** : Ne jamais vendre la peau de l'ours avant de l'avoir tué. Il s'avère souvent qu'au niveau individuel comme collectif, plus les discours prometteurs précèdent l'action, plus cette dernière laisse à désirer. Chaque campagne électorale ne peut qu'être suivie de déception au regard des faits. Les grandes messes de directions générales sur le changement entrent souvent dans cette même catégorie, de discours faits pour motiver à court terme, pas pour construire à long terme, de façon stratégique et solide.

Par conséquent, pour la mise en œuvre de changements conséquents au sein de systèmes collectifs, une approche beaucoup plus réaliste et constructive sera indirecte, initiée loin de son noyau, humble, progressive et modérée. Elle évoluera en position basse, d'abord dans une périphérie lointaine sans grand intérêt pour ensuite être reproduite, de façon virale, dans une autre périphérie. Ainsi déployée, elle prendra généralement beaucoup moins de temps, et sera beaucoup plus efficace.

- **NOTE** : Les révolutions ont toujours commencé loin des capitales, beaucoup plus proche des limites externes du système, dans les provinces éclairées mais reculées, au sein de périphéries créatives.

Pour réussir, les approches virales ont toujours été indirectes, provenant de sources inconnues des centres de contrôle, œuvrant hors de leur portée. Les virus prennent toujours le contrôle du corps bien avant de viser la tête.

En conséquence de cette résistance au changement caractéristique surtout des organes de direction, les actionnaires des entreprises ont depuis longtemps accepté le fait que pour mettre en œuvre des innovations rapides au sein des organisations, la première étape consiste à en changer le PDG. Il leur faut d'abord remplacer le patron par un nouveau leader très différent, généralement importé de l'extérieur. Ce nouveau directeur général se heurtera très vite à une forte résistance politique, menée par ses collaborateurs directs. Par conséquent, il aura besoin de changer la grande majorité des membres de son équipe de direction. Des remplacements successifs équivalents d'acteurs clés pourront alors suivre à des niveaux subalternes. Du nouveau sera importé de l'extérieur, et il faudra vraiment insister pour que ces greffes prennent. Le corps fera tout pour les rejeter. Avec ces remplacements successifs, des changements radicaux pourront plus rapidement être mis en œuvre, si possible en moins de cent jours.

- **NOTE** : Un an après ce type de transformation radicale, imposée de l'extérieur, souvent revigorante, il y a de fortes chances que le nouveau système de direction devienne progressivement conservateur. Il se sentira bien installé et commencera à concentrer son énergie sur la garantie de sa stabilité à long terme, sur une gestion plus stable visant à assurer son confort dans la durée.

Tout au plus, deux ans après ce type de refonte radicale d'une organisation, nous pouvons nous attendre à ce que la direction générale commence à très sérieusement se préoccuper de pilotage du changement. Il n'y aura alors plus grand chose à en attendre.

CAS 22 : Disposition de salle en coaching d'équipe

Le Directeur Général français d'une filiale de pays d'une multinationale française souhaite effectuer un accompagnement de son équipe de direction. Au sein de ce comité de direction, il ne reste des membres que de trois des équipes d'origine : l'équipe française envoyée sur place avait accompagné le rachat de trois entreprises locales, et que deux d'entre elles ont encore des membres au sein du comité de direction. L'ambiance est compétitive entre les deux cultures locales survivantes, et la défiance semble régner face aux français. L'objectif de l'accompagnement suscité par le patron est de mettre le passé derrière et de préparer l'avenir, en période de crise et au sein d'un marché très compétitif.

En salle le premier jour du coaching d'équipe, un premier tour de table sert la présentation personnelle des acteurs présents. Ensuite, le patron présente les objectifs du travail d'alignement prévu par le contrat d'accompagnement. En observation, le coach systémique a un pré-sentiment concernant le positionnement des participants dans la salle disposée en demi-cercle, face au coach. Ce dernier pose spontanément la question suivante : « Quel est le sens que peut révéler les places que vous avez choisi d'occuper dans la salle ? »

- **NOTE** : La question de ce coach repose sur l'hypothèse systémique fondamentale que rien n'est due au hasard, voire que tout comportement et manifestation individuel et collectif véhicule du sens.

Un participant situé sur le centre gauche répond immédiatement et de façon condescendante: - « C'est évident qu'il n'y a pas de sens à chercher, j'ai simplement pris une chaise au hasard, et je me suis assis. »

Le coach dit alors: - « Merci pour votre réponse spontanée. Je n'ai pas demandé s'il y a un sens, mais quel pouvait être le sens. Votre réponse semble plutôt refuser l'objet de ma question, ou se mettre en opposition à ma proposition de recherche de sens. En tout cas vous n'y répondez pas. Vu que vous êtes assis à ma gauche, directement face au PDG positionné à ma droite, manifestez-vous habituellement la même posture d'opposition à ses demandes et propositions ? Cela pourrait d'ailleurs illustrer le sens de votre choix de place, directement en face de votre patron ». Subitement gêné, ce participant resta silencieux, comme le reste de la salle qui se mit à prendre la question du coach un peu plus au sérieux.

- **NOTE** : En coaching systémique, toutes les attitudes, toutes les paroles, tous les comportements, etc., adressés au coach ne le visent pas personnellement. Ils peuvent être considérés comme des habitudes de communication et patterns de comportements internes au sytème et reproduits avec le coach. Ceci est une illustration de ce que l'on peut appeler le transfert systémique, non d'une personne envers une autre, mais d'une personne envers un système.

Par conséquent, la forme des interactions individuelles et collectives en coaching d'équipe et d'organisation peut être perçue comme ne visant pas le coach, mais plutôt le responsable du système. En quelque sorte, en position de responsabilité et face à l'équipe, le coach reçoit le transfert individuel ou collectif de ce qui est destiné au patron, le responsable du système.

- **NOTE** : Il est quelquefois utile de prévenir le responsable d'un système, et de lui conseiller de bien observer la qualité des interactions de chacun avec le coach, afin d'observer comment chacun se positionne face à lui. Cette option peut être faite en aparté ou en public.

Après une relance sur sa question et un autre temps de silence, le coach dit – « Si je peux parler pour moi, je remarque que je suis positionné le plus près de la porte, et que ça peut illustrer que je suis le plus apte à partir, ou être sorti du groupe. En fait, je ne fais pas vraiment partie de votre équipe dans le temps. » Et se tournant vers son voisin tout aussi proche de la seule issue de la salle, il lui dit : « Et pour vous, que peut signifier votre place si près de la sortie ? » La réponse ne se fit pas attendre : - « Bah, pour moi c'est simple, je viens d'être recruté comme directeur de l'informatique, mais je ne commence dans cette équipe que dans un mois. J'ai pris deux jours de vacances de mon entreprise actuelle pour participer à cet évènement. »

- « Bon, dans nos deux cas, il pourrait avoir un sens à nos places » dit le coach, « Qui d'autre dans la salle perçoit un sens dans votre disposition dans la salle ? »

Le PDG prit alors la parole pour dire ce que tout le monde avait sans doute fini par remarquer. Du côté droit de la salle et autour de lui étaient regroupés tous les français, comme un clan se serrant les coudes. En face, était positionné un clan opposé, autour du leader contestataire, issu d'une des entreprises rachetées. Cette équipe partageait les mêmes locaux que les français, au siège. Au fond et entre les deux, face au coach et à la sortie, un troisième groupe jusque-là silencieux, était issu de la deuxième entreprise locale, dont les locaux étaient en province. De leur position centrale entre les deux autres groupes, avec leur leader en plein milieu, ce tiers sous-groupe pouvait facilement observer le jeu de pouvoir entre les compétiteurs, sans trop s'impliquer. Ils devenaient ainsi bien plus stratégiques que les autres.

La suite de l'échange plus centré sur les relations internes aux trois groupes distincts, les bras gauches et droits de chaque patron, les plus périphériques presqu'en contact avec les clans voisins, etc. fut relativement révélateur de l'état des lieux, et de la qualité des interactions en cours au sein de l'organisation. En ouverture de coaching d'équipe cette discussion amorça un dialogue utile pour la suite.

CAS 23 : Coaching d'équipe en système réseau

Un PDG d'une entreprise immobilière internationale en très forte expansion demande à un coach de l'accompagner, lui et son équipe de direction afin de les aider à se structurer de façon un peu plus formelle suite à leur développement mondial très dynamique, mais relativement incontrôlé.

Lorsque le coach demande combien de personnes font partie de l'équipe de direction immédiate, le PDG ne peut répondre avec précision. Il dit que tout dépend de qui l'on veut inclure, et qu'il vaut mieux ne pas décider tout de suite. De toutes façons, il ajoute qu'il faudra envisager autour de quarante à cinquante personnes. Le coach exprime sa surprise, sachant que d'habitude, un comité de direction est bien plus restreint, une douzaine de membres au maximum. Une équipe de direction de quarante personnes est pour lui une première. Le patron précise qu'il s'est entouré de petites équipes très mobiles à configurations constamment variables, et que sa porte est ouverte à tous les membres de chacune de ces équipes qu'il manage en direct, de façon aléatoire.

Pour ce patron, c'est cette équipe de direction qui doit développer une plus grande cohérence opérationnelle. Mais il dit ne veut pas vouloir s'en occuper, dans la mesure où sa fonction stratégique ne peut s'encombrer du détail de la gestion quotidienne de tous les projets en cours.

En résumé, ce patron souhaite permettre aux équipes projets qui constituent son équipe de direction élargie à quarante personnes de mieux travailler ensemble sans qu'il ait besoin de les manager au quotidien.

- **NOTE** : Il s'agit là d'une demande typique d'un profil de start-up, de système en réseau, ou d'entreprise relativement plate.

Une équipe de quatre coachs fut constituée pour accompagner les quarante cinq personnes pendant trois jours. Un lieu résidentiel de retraite fut choisi pour sa très grande salle d'accueil et plusieurs salles de sous-commission. Toutes les salles comprenaient plusieurs tableaux conférenciers et des chaises à profusion, sans tables.

- **NOTE** : Il est utile pour un coach systémique de prévoir un lieu dont la taille et la disposition des salles permet le travail souhaité par l'équipe ou l'organisation cliente. L'architecture peut faciliter ou limiter le type d'orchestration des dialogues internes.

La première matinée, en grand groupe, servit à lister et préciser les axes opérationnels prioritaires que cette méga équipe devait traiter au cours des trois jours. Un certain nombre de règles du jeu furent établies, concernant le respect des horaires généraux, la participation de chacun, les modes opératoires en sous-commission, la distribution des compte-rendus écrits de chaque sous-commission (sous forme de feuilles de décisions), etc.

Enfin, cinq sujets furent choisis comme thèmes de réunion à traiter dès le premier après-midi, en précisant bien que les résultats attendus de chaque sujet devaient inclure des propositions de décisions agrémentés de plans d'actions, des instruments de mesure et des calendriers. Il ne s'agissait pas de seulement discuter mais aussi d'arrêter un véritable plan opérationnel collectif pour l'ensemble de l'année.

- **NOTE** : une équipe peut fonctionner à quarante membres, mais si elle doit être efficace, elle doit s'inventer des modes opératoires inhabituels. Pour être opérationnels, ces modes opératoires nécessitent une grande rigueur personnelle de la part de tous les membres.

Il devint évident que chacun ne pouvait participer à plus d'une des réunions à la fois. Or presque tous les cadres étaient directement concernés par plusieurs thèmes opérationnels et structurels traités au sein de réunions différentes. Certains étaient d'ailleurs concernés par tous les thèmes. Pour chacun :

- Il s'agissait de déléguer des responsabilités de décision et de suivi des plans d'action.
- Il s'agissait de faire confiance aux autres, de défendre les intérêts de l'ensemble.
- Dans chacune des réunions, il s'agissait de tenir compte des contraintes des absents et prendre des décisions auxquelles les quarante pouvaient adhérer par la suite.

Dès le début de cette première matinée, le directeur général précisa qu'il ne voulait pas être sollicité trop souvent au cours des trois jours. Il souhaitait que l'ensemble des cadres trouvent les moyens pour assurer la réussite de l'année suivante, qui s'annonçait extrêmement complexe et dynamique.

- **NOTE** : Cet accompagnement illustre bien la mise en place d'un cadre qui permet une grande délégation. Notez que cette délégation n'est pas seulement verticale, mais horizontale : chaque membre de l'équipe de quarante délègue à divers sous-groupes la capacité de prendre des décisions opérationnelles qui concernent l'ensemble, et ceci en toute confiance.

En cohérence avec ce type d'organisation voulue par tous, le DG intervint très peu lors de la matinée centrée sur l'auto organisation des trois jours. De temps en temps il lança une question ou une mise en garde, mais sans jamais trop insister. Il affcha une grande confiance dans la capacité de l'ensemble de s'auto manager. Même sa position dans la salle fut assez périphérique.

Les coachs aussi précisèrent que ce n'était pas à eux d'organiser ou d'animer les réunions. Ils soulignèrent que leur rôle se limiterait à poser des questions ouvertes sur les processus et modes opératoires observables, et sur la pertinence du travail des équipes projet par rapport à leurs objectifs. Ils restèrent aussi assez périphériques pendant toute la matinée.

En cohérence avec cet esprit de délégation, le coach responsable du projet suivit le patron en « shadow-coaching » pendant ces trois jours, laissant la liberté aux autres coachs d'accompagner les processus de dialogues internes.

Lorsque des coachs accompagnent des comités de direction dans la durée, ils considèrent souvent qu'ils font du coaching d'organisation. Un travail d'accompagnement performant et durable au sein d'une équipe de direction a en effet presque automatiquement un résultat positif non négligeable sur l'organisation plus large que cette équipe dirige. Si le travail concerne souvent le fonctionnement interne de ces comités de direction, la grande majorité des enjeux abordés et traités concernent aussi très concrètement la façon dont cette équipe dirige et développe l'ensemble du système sous sa responsabilité, autant pour en assurer l'évolution qualitative que la réussite quantitative.

CAS 24 : Organisation en transition imposée

Il est vrai aussi que suite à un travail efficace au niveau d'une équipe de direction, une part importante de ses membres déclinent de nouvelles approches de communication et de management d'équipe au sein de leurs propres ensembles départementaux, divisionnaires, territoriaux, ou au sein de filiales. Par cet effet de démultiplication dans l'espace et dans le temps, un coaching d'équipe de direction peut souvent être considéré comme l'amorce d'un parcours d'évolution pour une organisation toute entière.

Par conséquent, depuis des années, le travail au sein d'équipes de direction en coaching d'équipe œuvre aussi à accompagner des organisations toutes entières, bien au-delà des frontières apparentes de l'équipe dirigeante stricto sensu.

- **NOTE** : Cette approche du coaching d'organisation repose sur le principe que pour accompagner le changement d'un système, autant initialement s'adresser à sa tête, à son exécutif, à son noyau ou en quelque sorte à son ADN. Si la tête d'un système décide de changer de cap vers une nouvelle direction, de mettre en œuvre un mode opératoire différent, d'appliquer de nouvelles règles du jeu, etc. tôt ou tard, le reste du corps suivra le mouvement.

Par conséquent, la spécialisation que l'on pourrait appeler le coaching d'organisations continue souvent à suivre la logique éprouvée qui consiste à surtout ou d'abord accompagner une équipe de direction pour l'aider à définir et mettre en œuvre ses objectifs ou enjeux de qualité, de transition, de croissance, etc. et ensuite d'accompagner le mouvement dans le reste de l'organisation par d'autres actions de coaching d'équipes, de formation, d'information, etc.

- **NOTE** : L'approche système sème le trouble dans cette logique en affirmant que n'importe quelle partie d'un système peut avoir une responsabilité importante dans le maintien de son équilibre homéostatique, ainsi qu'une capacité non négligeable à le déséquilibrer afin de provoquer son changement ou son évolution. Tout ne commence pas forcément par la tête, loin de là.

En effet, un des principes systémiques affirme que la responsabilité et la capacité d'action d'un ensemble cohérent, sont partagées de façon égale entre toutes les parties du système concerné. Dans ce cas pourquoi attendre que tout changement soit initié par le noyau officiel, le centre apparent, la direction générale, etc. ? Les petits changements comme les grandes transformations peuvent être initiés par n'importe quel autre acteur ou sous-système motivé au sein d'une organisation plus large.

Alpha est une entreprise de taille moyenne installée dans une zone industrielle d'une ville française tout aussi moyenne sinon franchement provinciale. Alpha s'est toutefois développée au fil des années au point de commencer à compter sur le marché européen. Ce développement à l'échelle de l'ouest du continent depuis plusieurs décennies repose principalement sur un seul produit de grande consommation dont la marque reste éponyme de celle de l'entreprise. Au fil du temps quelques acquisitions et intégrations de produits complémentaires mais secondaires permettent d'élargir le portefeuille des produits d'Alpha, sans que ces additions trouvent le succès de son produit phare.

Lors de son histoire, Alpha fut plusieurs fois achetée et revendue par de grands groupes internationaux qui toutes avaient d'autres gammes de produits et grandes marques plus importantes à gérer et développer à l'échelle mondiale. La petite taille d'Alpha au sein de ces grands groupes lui a toujours valu une paix relative, permettant son développement progressif. De ce fait, le management d'Alpha a toujours pu jouir d'une autonomie importante reposant sur des résultats honorables. De ce fait, elle à peu à peu développé une farouche culture d'indépendance.

Lors des années précédant l'expérience relatée ci-dessous, les derniers propriétaires d'Alpha l'avaient vendue à une autre entreprise du même secteur d'activité que nous nommerons Béta. Basée à Paris, cette dernière déployait aussi une marque forte dont la notoriété était équivalente sinon meilleure que celle d'Alpha. Le volume européen de la distribution de Béta était toutefois moins important, de moitié.

Lors de la fusion entre les deux entreprises, les deux sièges furent préservés, celui de Béta à Paris, celui d'Alpha en province. Toutefois, grâce à son expérience au sein d'une entreprise de taille bien plus importante, l'encadrement provincial d'Alpha fut privilégié dans ce rapprochement. Le PDG, une majeure partie des membres de son comité de direction et de son encadrement moyen furent retenus pour accompagner l'avenir de la nouvelle société qui avait presque doublé de taille. Par la force de ces choix de personnel, le siège de Paris se vida peu à peu de sa réelle substance, celui de province prit plus de poids et d'importance.

Pour accompagner cette fusion et afin d'en faire une réussite, Alpha fit aussi appel à un coach d'équipes. Plusieurs accompagnements du comité de direction, puis d'équipes de vente, de marketing, de directions à l'exportation, etc. ont permis à l'entreprise d'effectuer avec succès cette fusion importante. Cette stratégie de travail de développement par accompagnements en coaching de nombreuses équipes pertinentes du siège fut couronnée de succès relativement rapidement.

Par le biais de ces accompagnements divers au niveau du comité de direction, suivis d'actions équivalentes au sein d'équipes subalternes, de nouveaux processus de travail communs permirent à la nouvelle société de développer une culture de management relativement homogène. Celle-ci privilégia l'initiative de l'encadrement et la motivation active du personnel centrée sur l'atteinte d'objectifs de performance. Tout alla pour le mieux dans une volonté affichée de collaboration interne, des réflexes de responsabilisation collective, une conscience que le management se doit de rester exemplaire, une bonne dose de délégation proactive, etc.

- **NOTE** : Cet accompagnement d'équipe de direction suivi de coaching des équipes subalternes illustre une démarche progressive et positive de ce qui pourrait être un coaching d'organisation réussi, piloté par le comité de direction.

Pour preuve, la fusion se déroula sans encombres, et les résultats de la nouvelle entreprise furent rapidement au rendez-vous.

- **Mais** un an après la fusion réussie et sous l'impulsion du directeur général, le comité de direction constate que la localisation de l'essentiel du siège en province commence à pénaliser le développement de la performance de la société.

En effet, la grande majorité des fournisseurs et des clients de la société est basée à Paris. Une part croissante des négociations sont même internationales avec des partenaires européens, ce qui nécessite de plus en plus de déplacements vers la capitale, sinon hors de l'hexagone.

Dans ce contexte de croissance internationale, une part de plus en plus importante du personnel du siège en province commence à manifester sa difficulté à suivre le mouvement. Les nombreux déplacements pour négocier et suivre les interfaces nécessaires avec des partenaires basés soit à Paris soit dans d'autres capitales européennes commencent à peser. Parler l'anglais devient de plus en plus nécessaire.

Le marché de l'emploi dans la ville de province est aussi relativement limité dans sa qualité comme dans sa quantité. Il est de plus en plus difficile de trouver localement les pointures internationales utiles à la nouvelle envergure de la société. Les recrutements locaux peinent à assurer le remplacement des départs naturels. Par la force des choses, les nouveaux recrutements de cadres favorisent de plus en plus des Parisiens dont l'expérience préalable au sein de grands groupes apporte une valeur ajoutée incontestable. Mais ces derniers veulent rester à Paris.

Peu à peu chaque équipe du siège se scinde en deux sous-ensembles informels mais influents : les anciens provinciaux d'une part, les nouveaux parisiens de l'autre. Cette évolution naturelle touche non seulement le comité de direction mais aussi presque toutes les équipes immédiatement subalternes dans les départements de vente, de marketing, de distribution, de production, des finances, du juridique, etc. Le comité de direction constate que la bonne marche de la société commence à être affectée par ces équipes scindées voire divisées par une importante distance géographique sinon par un cadre de référence franchement différent. Elle se saisit de ce problème et effectue une étude sur divers scénarios d'évolution de la société sur les années à venir.

Bien entendu, afin de ne pas causer d'agitation inutile au sein du personnel de l'entreprise paisible mais solidement syndiquée, l'étude est menée de façon confidentielle. Sans surprise, les résultats de l'étude sont sans appel : De toute évidence, l'avenir de la société, son développement, sa crédibilité, sa cohérence, son efficacité, son image, sinon son existence future dans un contexte de mondialisation reposent tous sur un déménagement à court terme de toutes les équipes pertinentes vers le siège Parisien.

Face à l'ampleur des mouvements sociaux prévisibles à l'annonce d'une telle éventualité, le directeur général et son équipe rapprochée temporisent. Le comité de direction affiche un soutien solide auprès du directeur général, en attendant qu'il prenne la décision difficile et inévitable. Pour s'occuper, ils provoquent quelques études plus approfondies sur l'architecture idéale d'une éventuelle nouvelle organisation dont l'essentiel des services centraux serait basé dans la proche banlieue parisienne, au sein de l'ancien siège de Béta.

- **NOTE** : A ce point du récit, le cas d'Alpha illustre une limite importante d'un bon travail de cohésion et de développement effectué à partir d'un comité de direction.

Pendant toute la période d'accompagnement de cette entreprise lors de la fusion et des quelques années de croissance qui suivirent, tout semblait aller pour le mieux. Lorsqu'ils devaient prendre des décisions stratégiques comme celle qui se présentait, ils l'instruisaient, attendaient que le directeur général tranche, puis soutenaient activement sa mise en œuvre pour assurer sa réussite. Le directeur général et le comité de direction avaient pris les moyens pour opérer les changements nécessaires. Ils avaient mis en œuvre une démultiplication exemplaire au sein du reste de l'organisation. Les résultats mesurables de qualité, de croissance et de réussite financière étaient là pour le confirmer.

Au niveau systémique, cependant, ces actions avaient renforcé un cadre de référence sous-jacent relativement limitant. Au fil de toutes ces années, le comité de direction n'avait jamais lâché prise sur la croyance qu'à travers vents et marées, c'est lui qui initiait et pilotait l'ensemble de l'évolution de l'entreprise. Les équipes subalternes suivaient ! Cette équipe de direction était certes devenue un ensemble solidaire et responsable mais elle fonctionnait à la manière d'un club élitiste qui entendait diriger la réussite de l'entreprise avec expertise, sinon de main de maître. Elle y avait même réussi, ce qui a solidement conforté cette vision de leur rôle et ancré leur comportement collectif.

Tant que les fondamentaux de l'entreprise provinciale étaient respectés, l'ensemble du personnel s'était habitué à s'impliquer sans trop d'états d'âme. De façon professionnelle, comme de bons soldats, ils mettaient en œuvre les décisions du comité de direction centrées sur l'obtention de résultats. Lorsque consultés au sein de groupes de réflexion ils y participaient activement. Lorsque sollicités pour concevoir et mettre en œuvre de nouvelles procédures au sein d'équipes de projets, ils s'engageaient. Tout cela s'inscrivait dans la continuité historique du passé d'Alpha.

Mais l'éventualité d'un déménagement semblait subitement changer la donne. Puisque le personnel n'avait pas participé à cette réflexion, le comité de direction se débattait seul sous le poids d'une responsabilité qui le dépassait largement. Pour lui, le choix se posait comme une double contrainte.

- Soit il fallait décider de ne pas déménager au risque de saboter la croissance internationale de la société à terme,
- Soit il fallait privilégier le déménagement stratégique au risque de provoquer une révolution sociale voire une fuite de presque tout le personnel d'encadrement provincial et historique.

Le comité de direction s'est retrouvé paralysé dans le piège d'une double contrainte. Il devait décider, mais quelle que soit sa décision, elle comportait d'énormes risques. Comment alors continuer à piloter le changement ?

Victimes de la réussite de l'entreprise, les anciens membres de l'encadrement pouvaient aussi se trouver devant un choix cornélien. Soit ils acceptaient de déménager à Paris au prix d'un bouleversement de leurs vies personnelles, soit ils refusaient afin de privilégier leur qualité de vie familiale, et perdaient des postes d'envergure au sein d'une société qui devenait internationale.

- **NOTE :** Lorsqu'une double contrainte se pose à une personne ou à un ensemble, c'est que la question est mal posée. En effet, un regard philosophique sur la situation évoque une question intéressante : En quoi cette situation propose-t-elle au comité de direction et à l'entreprise de changer leur cadre de référence ?

Il ne s'agit pas par cette question de valider ou disqualifier telle ou telle option dans le choix stratégique apparent. Il s'agit de se demander comment l'entreprise doit changer ses processus internes pour traverser cette crise apparente. Que doit lâcher le comité de direction pour trouver la réponse à son problème ?

A force de temporiser, des dérapages commencent à se produire. Des petites fuites ont lieu, puis elles grossissent. Des rumeurs circulent. Le peuple commence à gronder. Le comité de direction adopte lentement une position défensive car l'initiative lui échappe. Les syndicats commencent à s'organiser pour mettre en œuvre une résistance solide contre une ce qu'ils perçoivent comme décision encore non prise, ou peut-être déjà prise mais non communiquée.

- Accompagné par son coach, le directeur général a soudain une intuition profonde. Lorsque la tête ne peut décider, c'est qu'il est utile d'apprendre à écouter son corps. Il réalise que c'est ni seulement à lui, ni seulement à son comité de direction de résoudre ce problème, mais à l'ensemble des personnes qui pourraient être concernées.

Juste après avoir mis en œuvre les procédures légales d'information aux organismes sociaux, il décide d'organiser une journée entière regroupant ses cinquante cadres supérieurs pour leur exposer la situation et leur poser le problème du déménagement de façon franche, directe et professionnelle.

- **NOTE** : Cela illustre un changement de paradigme important. Ce n'est plus seulement au directeur général ou à son comité de direction de seuls préparer la décision, puis d'assurer son application par le reste des salariés. C'est à l'ensemble des cadres supérieurs, sinon plus, d'être impliqués dans la démarche.

Afin de bien lancer la journée, Le DG dit à ses cinquante cadres supérieurs
qu'il est personnellement convaincu que la société doit déménager son siège, donc déménager tous les postes des équipes centrales à Paris.

- Il dit être conscient que pour chacune des personnes dans la salle, cela posera un problème de choix fondamental, à la fois personnel et professionnel.
- Il dit aussi que ce changement fondamental pour l'avenir de l'organisation ne peut réussir que si toutes les équipes le soutiennent, en vrais professionnels.
- Que s'il n'y a pas cette mobilisation, il vaut mieux ne pas y aller. Mais ne pas y aller serait à terme une grosse erreur, toutes les études le confirment.
- Il dit s'engager publiquement à soutenir et accompagner chaque choix, quel qu'il soit : déménager à Paris, ou démissionner pour rester en province, en prenant le temps nécessaire pour que toutes les personnes touchées soient satisfaites. Il s'en fait un point d'honneur.

Les questions et discussions qui s'ensuivent en grand groupe lui donnent l'opportunité de partager sa réflexion et sa vision sur l'avenir de la société, et de bien souligner en quoi un déménagement à Paris lui paraît incontournable. Il souligne aussi que ce n'est pas un choix qui lui plaît à titre personnel et familial, étant donné qu'il a vécu toute sa vie en province. Rapidement, l'ensemble de l'assistance en vient aux mêmes conclusions évidentes. Si chacun décide en professionnel, le meilleur choix pour l'organisation consiste à déménager l'essentiel de son siège à Paris.

Le PDG propose ensuite à l'assistance de mettre de côté pour un temps toute réflexion personnelle et se centrer sur un travail pratique en sous-groupes.

Dans la grande salle prévue pour ce travail, l'assistance s'auto organise en divers groupes de travail et de réflexion dont l'objectif est de préparer ensemble, au sein de chacune des grandes directions, un déménagement exemplaire qui n'aura aucune incidence sur l'excellente qualité du service rendu aux clients.

Bien entendu de son côté en sous-groupe, la direction RH commence à travailler sur des propositions de packages raisonnables pour chaque catégorie de poste et réfléchit aux les éléments clés de l'accompagnement du personnel : soit dans son déménagement à Paris, soit dans son reclassement local.

En fin de journée, le PDG tient un discours de clôture. Il affiche sa fierté de diriger une équipe de tels professionnels. Il demande à chacun de faire en sorte que l'organisation réussisse cette transition importante quelques soient les choix personnels. Il souligne l'importance d'accompagner avec humanité et professionnalisme chacune des personnes qui auront à s'adapter lors de cette transition, et que cette mission fait partie intégrante de leur fonction de cadre. Il affirme enfin que si un des employés de la société avait épuisé tous les recours pour effectuer une transition satisfaisante, sa porte resterait ouverte pour trouver ensemble une solution acceptable.

> • **NOTE** : La réunion à cinquante fut un grand soulagement pour tous. Le personnel d'encadrement pouvait enfin redevenir acteur de son destin et agir en responsable face à une décision assumée et affichée. Ni le comité de direction ni le directeur général ne se sentaient responsables de porter les conséquences de la décision qui s'imposait, ni les difficultés de choix personnels et professionnels qui incombaient aux membres de l'organisation.

Avant cette intervention, le comité de direction était convaincu que c'était lui et lui seul qui initiait tous les changements stratégiques qui concernaient l'entreprise. Par conséquent il en assumait l'entière responsabilité. En prenant de nombreuses initiatives et en impliquant presque systématiquement le personnel, ils avaient longtemps piloté l'organisation avec succès.

Les enjeux différents révélés par la nécessité de déménager mettaient l'accent sur une autre réalité. Ce n'était pas une situation provoquée par la direction, mais tout le contexte environnant qui leur imposait le déménagement. Cette transition incontournable était rendue absolument nécessaire par leur croissance, par le marché, par la mondialisation, par la réalité extérieure, etc. Etant donné que ce changement était presque subi, la direction pouvait choisir de la faire subir.

> • **NOTE** : Avec un peu de recul, un regard plus systémique sur la nature des transitions et transformations importantes peut laisser croire que celles-ci sont rarement véritablement initiés ou provoquées par le noyau d'un système. Elles sont presque généralement imposées par le contexte économique, par des mutations au sein de l'environnement externe, et quelquefois par des sous-ensembles internes mais plutôt périphériques.

Malgré les apparences, ce n'est peut-être pas le gouvernement qui provoque les vraies réformes, mais plutôt la révolte du peuple dans son ensemble ou un système subalterne ou périphérique, souvent à partir de zones frontalières. Les transformations essentielles sont provoquées peut-être encore plus souvent par l'environnement externe. Soit elles sont tout simplement provoquées par le ou les voisins immédiats, soit nous appelons cette influence la mondialisation lorsque l'influence est plus générale et diffuse.

De même au sein d'un organisme vivant, les virus qui peuvent provoquer de grandes mutations au sein de l'ADN viennent de l'environnement. Ils s'infiltrent souvent au sein d'un système par des portes dérobées, par des chemins indirects. A l'analyse, nous pouvons aussi constater que les vrais agents de changements en entreprise, ceux qui proposent des nouveautés radicales, ont rarement droit à l'entrée principale, invités par la direction en exercice.

- **NOTE** : La résistance au changement l'est rarement au contenu du changement. Elle est bien plus souvent une résistance à la façon dont ce changement est proposé ou imposé. C'est une question de forme plus que de contenu.

Dans l'exemple ci-dessus, la population est prête à résister a une dynamique de changement qui lui est imposée comme à des pions irresponsables au sein d'un système qui jusque là les considéraient comme des partenaires. Le changement imposé par la conjoncture est utilisé pour changer la façon dont jusque là ils étaient considérés.

Dès qu'ils sont consultés, informés, impliqués dans la démarche de changement, les cadres intermédiaires de l'entreprise recommencent à se sentir considérés comme des partenaires responsables, et choisissent de participer au changement qu'ils savent assumer.

CAS 25 : Une acquisition en cheval de Troie

Le PDG et propriétaire majoritaire d'une entreprise de services multinationale vient d'acquérir une société un peu plus petite qu'il souhaite fusionner avec la sienne. Il appelle un coach pour effectuer une démarche originale. En effet, il souhaite transformer la culture de management de son organisation historique qu'il juge trop lente et trop lourde, sous l'emprise d'un assoupissement auto-satisfait. Il demande au coach d'accompagner les cadres de l'entreprise récemment acquise de façon à les préparer à remplacer ceux de son entreprise, si possible à court terme.

Sa demande est hors du commun, mais elle consiste à accompagner de façon consciente une réalité souvent observée : Quelques années après une acquisition, les cadres issus d'une organisation rachetée ont souvent remplacé ceux de l'entreprise prédatrice. Ils se retrouvent même souvent à des postes clés.

- **NOTE** : Comme le dit le dicton, vous devenez ce que vous consommez.

Dans ce contexte, le PDG éclairé évoqué ci-dessus souhaite tout simplement accompagner l'énergie du système récemment acquis, d'une culture entrepreneuriale bien plus dynamique, afin de transformer la culture de son organisation d'origine. Cette approche est véritablement cohérente avec une réflexion systémique.

Comme l'illustre la perception du patron sur la culture de sa propre entreprise, sauf pression énorme de l'environnement externe ou interne, la fonction habituelle de la direction et des équipes d'encadrement est souvent fondamentalement conservatrice. Si tout va relativement bien, pourquoi chercher à faire autrement ? Si les résultats sont bons par rapport au marché et à la concurrence, pourquoi diable chercher à les multiplier par deux ou trois ? Si les clients sont relativement satisfaits du produit ou de la prestation, pourquoi chercher à rapidement en faire deux fois plus, quatre fois mieux, et à moitié prix ? Si encore une décision radicale s'impose, comment temporiser, minimiser les risques, attendre la solution la plus confortable pour tous ?

- **NOTE** : Une fois qu'une entreprise se perçoit comme la meilleure sur le marché, la référence, la success story presque incomparable, son encadrement a de fortes chances de devenir auto satisfait voire arrogant, et ainsi commencer à perdre pied. Parfois même, elle est tellement fière que l'encadrement ne tient pas compte de tous les indicateurs de danger jusqu'à ce qu'il soit bien trop tard.

Souvent dans les comités de direction d'organisations voire dans les gouvernements de pays, il faudra attendre qu'une crise majeure réveille les dirigeants et les collent dos au mur pour qu'ils décident enfin de réellement changer, au point de se transformer et transformer le système qu'ils dirigent. Cette éventualité exigera alors de déployer une énergie d'urgence et de combativité et surtout de mobiliser toutes les motivations au sein de l'ensemble du système pour retrouver une trajectoire de réussite.

- **NOTE** : Si le management ou pilotage du changement d'une organisation dépend surtout de son équipe centrale ou de son comité de direction, une conséquence ou corrélation systémique voudrait qu'au sein même de ce comité de direction, le changement dépende surtout de son centre à lui, donc du directeur ou du PDG.

Quelle belle vision centralisatrice ! Pourquoi alors perdre tant de temps et d'énergie à mettre en œuvre des programmes de participation et de délégation pour créer de la responsabilité et de l'initiative à tous les autres niveaux d'une entreprise ?

Cela peut nous révéler que dans son sens habituel, le principe de délégation semble s'arrêter dès qu'il s'agit d'envisager que l'initiative des transformations n'est pas initiée et dirigée par la direction d'un système. Nous voulons bien déléguer tant que le monopole des transformations pertinentes reste dans les mains du centre contrôlant. Souvent et bien malheureusement, cela permet a cette direction ou centre, de déployer son énergie pour résister aux changements dérangeants, de reporter les transformations fondamentales. Par conséquent, un cadre de référence qui centralise la responsabilité du pilotage du changement peut s'avérer relativement limitant.

- **NOTE** : Peut-être aussi est-il difficile pour le reste de l'entreprise, l'encadrement moyen et le personnel, d'assumer ses responsabilités dans la définition de son avenir, alors il préfère déléguer la transformation aux dirigeants.

C'est une croyance bien utile que celle d'affirmer que le changement vient du centre. Cela peut aussi être une belle façon de nous déresponsabiliser de notre propre capacité à amorcer des transformations pourtant vitales, là où nous sommes, quelle que soit notre position dans la hiérarchie sociale ou organisationnelle.

- **NOTE** : Si c'est au sein de la direction de systèmes que les réelles transformations sont décidées et mises en œuvre, il va de soi que c'est dans cette même arène qu'est mis en œuvre le non changement que nous percevons voire subissons.

Par conséquent, il est possible de concevoir que dans les entreprises et organisations, la fonction principale de la direction est aussi et quelquefois surtout d'assurer la pérennité du système tel qu'il est, donc de résister à tout changement.

- **NOTE** : Le rôle principal de la direction d'un système tel une entreprise ou un pays pourrait alors consister à piloter des ajustements mineurs pour limiter ou retarder au plus tard la mise en œuvre de grandes mutations et transformations.

Le pilotage du non changement

L'expérience le prouve, un accompagnement de coaching d'équipe de direction est bien plus difficile à mener qu'un coaching d'équipes subalternes. Les enjeux de carrière y sont plus élevés, les jeux de pouvoir y sont plus compétitifs, les stratégies de manipulations plus raffinées, les conséquences personnelles plus conséquentes, etc. Un coach peut s'attendre à plus de résistance qu'ailleurs, surtout s'il les accompagne dans une réelle remise en question. Dans ce cadre général, il est utile de considérer plusieurs stratégies de résistance au changement couramment mise en œuvre par des comités de direction ou leurs membres.

- **NOTE** : Paradoxalement, ce sont souvent les comités de direction qui évoquent la résistance au changement des échelons subalternes, pendant que ces derniers ne voient pas le style de leur direction vraiment changer...

Première option : Lorsqu'un coach réussit à avoir l'oreille de la direction afin de lui proposer un programme d'accompagnement de coaching individuel ou d'équipe centré sur une évolution dans un sens plus collaboratif, performant, de délégation, centré sur une meilleure réussite, sur des résultats plus exceptionnels, vers plus d'engagement individuel, plus de transparence, etc. Plusieurs stratégies peuvent être proposées par la direction :

- En coaching individuel, les premiers désignés sont presque infailliblement les personnes les moins performantes, les plus démotivées.
- Au niveau collectif, la première et seule équipe subalterne désignée pour être accompagnée par le coach, une équipe test, est une des équipes les plus difficiles, des plus réticentes et des moins bien managées.

S'il s'agissait de centrer le coach sur une personne ou un lieu résistant à souhait, sur l'individu ou le système « bouc émissaire » de l'ensemble, on ne s'y prendrait pas autrement. Pour préparer l'avenir et devenir plus performant, il est quelque peu consternant qu'une organisation propose que l'on fasse d'abord un test à l'endroit même où tout le monde sait que le coach se cassera les dents.

Pourquoi en effet ne pas commencer par une personne ou une équipe normalement bien orientée, pour amorcer un début de changement mesurable avec de nouvelles approches, pour ensuite faciliter leur diffusion au sein d'autres salariés ou périmètres moins faciles, ou plus résistants ?

La stratégie de tout de suite proposer une personne ou un lieu connus pour être en difficulté permet de disqualifier la démarche. Si un coach ne peut pas accompagner la résolution de nos personnes ou équipes-problèmes les plus épineux dès le départ, pourquoi envisager d'évoluer ailleurs. Le changement au sein du système dans son ensemble est ainsi reporté.
Si toutefois, le coach et son client réussissent et que la démarche est ensuite proposée ailleurs, la question des nouveaux clients sera « Pourquoi nous ? Qu'est-ce qui ne va pas chez nous ? »

- **NOTE** : Pourquoi ne pas envisager plutôt d'accompagner un changement en se centrant d'abord sur les personnes et équipes les plus performantes ? On n'exige pas d'un coach d'équipe sportive qu'il focalise son attention d'abord sur l'individu le moins performant sous couvert de préparer l'ensemble à gagner ses prochaines rencontres.

Deuxième option : Une autre approche consiste à proposer au coach de commencer par l'équipe de direction. Elle se propose d'être l'équipe test. Elle se met donc en position de juger de l'efficacité du coach, d'évaluer son approche, ses outils, son style, etc. afin de pouvoir décider si ce qu'il fait est pertinent pour les autres. Or cette situation est fortement biaisée. L'équipe ne se met pas en position de client, mais de recruteur. Elle n'est pas là pour travailler sur ses propres enjeux, son potentiel, la remise en question de ses modes opératoires, mais pour être observatrice de ce que fait le coach. Peu de coachs passent ce test, puisqu'ils ne peuvent pas accompagner une équipe qui n'est pas en posture de client.

Troisième option : Le coaching d'équipe de direction est bien mené. Malgré elle, peut-être grâce à certains membres engagés, l'équipe avance et arrive à modifier quelques-uns de ses modes opératoires dans un sens résolutoire. L'accompagnement apparemment réussi est conclu par un nombre conséquent de plans d'actions qui peuvent lancer l'équipe sur une nouvelle trajectoire de performance. Le principe d'effectuer un équivalent au sein des équipes immédiatement subalternes est acquis.

La suite traine alors souvent en longueur. Si chacun des membres du comité de direction est prêt à accepter quelques évolutions dans le système supérieur où il est positionné en subordonné, il n'est pas autant preneur d'une remise en question au sein du système subalterne qu'il dirige. Cela pourrait le concerner de plus près en tant que directeur. Chaque possibilité de décliner un travail de coaching au sein des départements ou des divisions immédiatement subalternes au comité de direction est reportée, temporisée, et le reste ne suit pas. En conclusion, seule l'équipe de direction change quelques habitudes improductives pendant un temps, puis revient peu à peu à ses vieux démons.

Quatrième option : L'action du coach ou du consultant est ouvertement considérée comme positive, utile, performante, et elle est officiellement soutenue par le directeur général. L'ensemble du comité de direction affiche que ce type d'approche est utile à décliner de façon plus large au sein de l'ensemble de l'organisation, à commencer par les équipes immédiatement subalternes.

- **ATTENTION** : Cette unanimité plutôt motivante peut être de façade, et peut ne pas être suivie dans les faits !

Tout le monde délègue le suivi à un des membres de l'équipe, peut-être la DRH. La DRH délègue ce suivi au service de formation, ou à un autre service compétent. La question des budgets peut alors devenir épineuse, car ces services considèrent que les nouvelles actions de coaching de diverses équipes sont à mener en plus des actions de formation qu'ils mènent déjà par ailleurs. Il faut donc prévoir un budget supplémentaire assez conséquent. Pour eux, il ne s'agit que d'une nouvelle action à manager, et il n'est pas question de ré allouer des budgets existants.

Ces services considèrent aussi que c'est à eux de manager la forme et le contenu des actions. Elles peuvent aussi être plusieurs fois revues et corrigées pour s'adapter aux personnes ou équipes concernées. L'organisation du calendrier doit tenir compte de l'activité des uns et des autres au sein des équipes en interaction. Les patrons d'équipes ont aussi d'autres priorités.

- **NOTE** : Le temps qui passe peut tuer toute grande ambition.

Tout cela a un résultat important : l'action stratégique et d'envergure, est reportée, l'ambition générale du départ est progressivement réduite, voire à peine mise en œuvre. Souvent, le service formation subit des changement de priorités : l'organisation opte pour d'autres formations urgentes centrées sur d'autres enjeux plus opérationnels ou immédiats. La gestion à plus court terme efface les priorités stratégiques reportées à plus tard puis oubliées.

> • **NOTE** : Si le coaching doit s'inscrire dans une optique de transformation stratégique, il ne peut être mis en œuvre par des services administratifs, comme celui qui de la formation, traditionnellement plus centrés sur la gestion de produits offerts au personnel de façon plus facultative.

Il est utile de constater qu'au fil des 50 dernières années et au sein de beaucoup d'organisations, la grande majorité de l'offre de formations est peu ciblée et encore moins suivie par les comités de direction. Cela peut expliquer le peu de changements réels et mesurables que cette approche traditionnelle a réellement provoqué. Hors ateliers sur des métiers techniques ou réels apprentissages sur le tas, l'offre de formation dite générale, sur la communication ou le management est centrée sur des sujets ou thèmes généraux, relativement conceptuels ou théoriques, au bénéfice d'une population qui ne travaille pas ensemble de façon quotidienne. Ce type de saupoudrage général offre beaucoup moins de prise à des transformations culturelles profondes et plus durables.

Ces contenus de formation semés, sans réel suivi et sans mesures de résultats concrets, cherchent souvent à traiter des symptômes persistants. Ces derniers ne sont que des indicateurs superficiels de problèmes bien plus profonds, qui sont ancrés dans la culture générale du système concerné. Pour exemple, la gestion du temps, la prise de décision, la délégation, l'engagement, la communication, le harcèlement moral, le respect, etc. ne sont que des symptômes de la culture d'un ensemble collectif. Ils ne peuvent être modifiés par des actions de formation qui dans l'ensemble ne s'adressent qu'à des individus.

> • **NOTE** : Afin d'obtenir des résultats mesurables dans tous ces domaines, clairement symptomatiques depuis plus de cinquante ans, il est nécessaire de s'adresser autrement, à l'ensemble des systèmes concernés. L'approche de formation individuelle ne suffit pas !

De nombreux coachs d'équipes effectuent des accompagnements auprès d'équipes subalternes performantes et réellement motivées par une démarche leur permettant de se développer et d'améliorer leurs résultats. Suite à ce travail au sein d'une division ou d'un département périphérique, la tentation du coach est souvent de faire valoir la démarche, et peut être se faire valoir aussi, auprès de la direction. Il cherche alors à intéresser cette dernière et lui propose de s'engager dans un processus d'accompagnement équivalent. Bien malheureusement, ces tentatives de démultiplication vers le haut de l'organisation n'aboutissent que très rarement

Il peut paraître surprenant qu'une démarche originale et couronnée de succès effectuée par une équipe subalterne performante ne suscite pas plus d'intérêt de la part de la direction. Ce constat peut confirmer le cadre de référence dominant qui stipule que l'initiative des réelles transformations ne peut appartenir qu'à la direction.

- **QUESTION** : En tant que coach d'organisations et suite à une expérience réussie de coaching d'équipe au sein d'un ensemble subalterne, comment démultiplier ou élargir la dynamique de transformation de l'organisation concernée sans pour autant valider le pouvoir de résistance de la direction ?

Ces quelques exemples de coaching d'équipes qui aboutissent à du non changement au sein de l'entreprise environnante figurent parmi des centaines d'autres. Il est difficile d'en conclure que les équipes de direction sont fondamentalement opposées au changement de leur organisation dans le sens large du terme. Il est toutefois souvent possible de constater que suite à un coaching d'équipe réussi, de nombreux freins apparaissent subitement lorsqu'il s'agit de réellement passer à la vitesse supérieure. Il devient souvent difficile d'accompagner une réelle transformation au niveau de l'organisation toute entière.

Par ailleurs, constatons que si le coaching d'équipe est considéré comme très complémentaire à une démarche de coaching individuel, c'est qu'il est souvent difficile d'opérer un changement au niveau d'un système à partir d'une démarche effectuée à un niveau individuel. Pour exemple, un coaching de dirigeant réussi ne garantit pas que ce dirigeant pourra opérer une transformation importante au sein de son équipe de direction. Généralement cette dernière résistera très efficacement de façon active ou même passive. Le système plus large et sa culture collective sont toujours plus puissants que la volonté individuelle d'un dirigeant.

Cette même différence de niveau systémique existe entre une équipe de direction et l'entreprise qu'elle dirige. Le niveau systémique plus élevé ou plus global que constitue l'organisation est bien plus puissant que l'équipe de direction toute seule. La capacité de résistance passive ou active de l'ensemble d'une organisation peut souvent tenir tête à toute la volonté du comité de direction. En effet, le reste d'une entreprise peut facilement rendre le changement plus coûteux que le non changement. Par conséquent, de la même façon que :

- Le coaching d'équipe est complémentaire au coaching individuel. Il permet d'accompagner le changement au niveau du système collectif que constitue l'équipe,
- Le coaching d'organisation est complémentaire au coaching d'équipe. Il permet d'accompagner le changement au niveau de la complexité de l'organisation toute entière.

Dans cette optique systémique, quelques questions dérangeantes, ou de coach, s'imposent :

- Comment le travail d'un comité de direction peut surtout servir à accompagner et conforter la dynamique conservatrice d'une organisation ?
- Comment les actions d'accompagnement telles le coaching d'équipe de direction peuvent être mises en œuvre surtout pour renforcer ces dynamiques conservatrices ?
- Comment un coaching d'équipe de direction réussi peut-il paradoxalement surtout servir à renforcer la dimension homéostatique d'un système dans son ensemble et limiter à terme l'évolution de l'entreprise ?

De façon à être un peu plus centré sur des solutions, nous pouvons aussi poser d'autres questions plus centrées sur le développement du métier de coach d'organisations.

- « Où, ailleurs qu'au sein d'un comité de direction, peut-on beaucoup mieux commencer un accompagnement de transformation d'une entreprise ? ».
- « Comment accompagner un accompagnement ailleurs dans l'entreprise, afin que ce soit des services, des départements ou des équipes - projets qui provoquent de réelles transformations, qui affectent l'ensemble du système ? ».
- « Comment accompagner un ensemble beaucoup plus large qu'une équipe ou un comité de direction, afin que cet ensemble puisse immédiatement devenir l'acteur principal de la transformation de l'entreprise ? »

Avec ce type de question de coach systémique, il deviendra peut-être possible de définir de façon bien plus précise ce que l'on considère être le champ du coaching d'organisations, puis de préciser des stratégies appropriées et les modes opératoires de ce domaine.

UN COACHING D'ORGANISATION

CAS 26 : L'accompagnement de grands groupes

Au-delà du coaching individuel et du coaching d'équipe, ce cas propose quelques réflexions supplémentaires sur une approche systémique du coaching d'entreprise et d'organisation. Il est structuré autour d'une expérience de deux jours en accompagnement de plus de soixante-dix personnes comprenant le PDG, le comité de direction et plus de deux autres niveaux hiérarchiques d'une même entreprise.

La description détaillée de cet événement fondateur pour l'organisation cliente a pour objet de présenter de façon simple et détaillée, une pratique de l'accompagnement systémique d'un très grand nombre de participants en coaching d'organisation.

Pour l'entreprise cliente en pleine transition présentée dans ce cas, il s'agit d'un processus de transformation centré sur des objectifs opérationnels dont le but est d'assurer la réussite mesurable, voire à moyen terme, la survie de l'organisation.

- **NOTE** : Pour le coach systémique d'organisation, cette étude de cas met en scène quelques principes clés d'un accompagnement systémique à géométries variables qui peut être proposé à un grand groupe, afin de faciliter des changements de perspective et les résultats qui les accompagnent.

La compétence détaillée au sein de ce texte repose sur un principe central à la pratique du coaching en général : le coaching offre au client un espace de croissance au sein duquel ce dernier met en œuvre son propre cheminement vers son résultat escompté.

- **NOTE** : Pour les équipes concernées et l'organisation présente, il s'agit d'espaces de dialogue dont le contenu n'est pas le propos du coaching, et dont la forme peut être orchestrée par le coach.

Il est tout de suite possible d'ajouter que le coach peut offrir plusieurs espaces consécutifs de croissance en modifiant la géométrie du contexte d'apprentissage délégué. C'est cette technique appliquée à un grand groupe qui est présentée ci-dessous.

Par conséquent, ce texte se centre sur une compétence particulière du coaching. En plus de la compétence qui consiste à créer une relation de confiance, au-delà d'une grande capacité d'écoute sans parler de l'art de savoir poser les bonnes questions, le coach peut aussi manier le contexte, l'architecture interactive, ou encore l'espace de croissance du coaching.

En effet, le coaching individuel, d'équipe et d'organisations consiste aussi à savoir créer, modifier et modeler un espace d'interfaces en fonction de la démarche évolutive du client. L'objet de ce cas est d'illustrer de façon très pratique l'art de concevoir des environnements d'apprentissage au bénéfice de grands groupes en général afin de mieux accompagner des entreprises et organisations.

Plus particulièrement, cette présentation tente d'illustrer comment un coach systémique peut physiquement accompagner une organisation alors qu'elle pilote sa propre évolution. L'art du coach consiste d'abord à modifier de façon simple et subtile l'architecture implicite qui influence les interfaces opérationnelles, puis à accompagner le travail du client en restant centré sur ses processus émergents.

L'objectif de ce cas est aussi de donner :

- Une perception pratique de la façon dont des coachs individuels et d'équipe peuvent élargir leur pratique vers du coaching systémique d'entreprise et d'organisation.
- Une illustration de l'utilisation de quelques principes de coaching dans le but de créer et remodeler des environnements de croissance et d'apprentissage pour accompagner des transitions d'entreprise.
- Une opportunité pour que les coachs d'entreprise et d'organisation puissent confronter leur pratique à celle d'un autre professionnel du métier.

Le contexte : Le comité de direction d'Oméga, une organisation de tourisme multinationale a précédemment participé à une session de trois jours de coaching d'équipe. Suite aux résultats concluants de ce travail de développement de leur propre équipe, cette équipe de direction décide d'adresser les soixante-dix acteurs clés de leur siège international afin de les préparer à soutenir une transition à la fois très importante et urgente pour assurer la survie de l'entreprise.

Avec cette population et pour atteindre cet objectif, le comité de direction décide d'organiser un processus de coaching d'organisation de deux jours dans un lieu privilégié et résidentiel en province.

L'objectif : L'objectif des deux jours de coaching d'organisation est de mobiliser les top soixante-dix managers clés. Il s'agit de s'assurer de leur engagement pour concevoir et accompagner la mise en œuvre des transformations opérationnelles urgentes d'abord à la survie d'Oméga, ensuite pour assurer la réussite et le développement durable de l'entreprise.

L'historique : La situation est critique. Moins d'un an plus tôt, les actionnaires avaient recruté le nouveau PDG pour qu'il transforme, remette sur rails et rende à nouveau rentable l'entreprise largement déficitaire. En effet, Oméga n'aligne que des pertes depuis plusieurs années.

Le PDG précédent avait fait partie de l'organisation pendant des décades. Il était le fils du dirigeant précédent, lui-même un des pères fondateurs à l'origine de l'entreprise. Quoique l'entreprise appartienne à quelques grands actionnaires et de nombreux petits porteurs, elle fut toujours managée de façon très relationnelle, voire familiale, dans un style foncièrement paternaliste.

D'une part Oméga jouit d'une satisfaction-client exceptionnelle, d'une très forte image et d'une marque mythique. D'autre part, l'organisation souffre d'un type de management quasi féodal, d'un manque de processus formels, d'un syndicat puissant et défensif, de plusieurs clans historiques chacun défendant ses zones d'influences et intérêts à court terme. En conséquence, sur la dernière décade, l'entreprise est devenue un gouffre financier.

Le Challenge : La grande majorité du personnel rejette le principe même du changement. Le nouveau PDG et tous les membres récents de son comité de direction sont perçus comme des implants technocratiques et ambitieux qui ne comprennent rien à la culture de l'organisation, ni à son produit extraordinairement original. Pour préserver l'intégrité de leur héritage historique, le personnel qui s'exprime haut et fort estime que c'est de son devoir que de résister à toutes les propositions de la nouvelle équipe de direction.

En guise d'indicateur sur les douze mois précédents, plusieurs consultants recrutés pour accompagner la mise en œuvre de processus plus professionnels et implanter des débuts de transformations, se sont fait rejeter par un feu nourri de résistance active.

Dans ce même esprit taquin, les coachs appelés pour accompagner les deux jours de coaching d'organisation sont accueillis avec des histoires d'horreur illustrant la façon dont leurs prédécesseurs furent disqualifiés et virés. Lors d'un échange anodin, un membre de l'organisation demande à l'un des coachs combien de temps il pense que son contrat va durer.

La scène est prête pour le déroulement du drame, et les paris sont ouverts.

L'enjeu : dans ce contexte, la situation offre très peu de marge de manœuvre voire aucune place pour un échec. Si les coachs sont éjectés, voire si l'événement n'est pas une franche réussite, la nouvelle équipe de direction perd une bonne part de sa crédibilité. Une telle éventualité aurait pour effet de considérablement renforcer la résistance au changement. Le message au nouveau patron serait clairement « laissez tomber, nous sommes plus forts ».

Dans la mesure où une approche de coaching d'organisation ne propose pas de changements de l'extérieur, mais ne fait qu'accompagner son émergence de l'intérieur de l'entreprise, une telle approche semble particulièrement indiquée.

Les Participants : Le groupe en présence pour l'action de coaching d'organisation comprend le PDG, le comité de direction d'une dizaine de membres presque tous d'une ancienneté de moins d'un an, et soixante managers de niveaux immédiatement subalternes issus des départements principaux d'Oméga : La comptabilité et les finances, les ressources humaines, le marketing et les ventes, la recherche et développement, les opérations, etc.

Le Lieu : Une destination résidentielle et provinciale fournit une très grande salle capable d'accueillir les soixante-dix participants lors de réunions plénières avec une dizaine de salles plus petites pour accueillir des sous-groupes de travail. Chaque pièce comprend des chaises, des paperboards, pas de tables.

Les Coachs : Quoiqu'un seul coach aurait pu suffire pour effectuer cet accompagnement sur deux jours, une équipe de trois assistants est engagée:
- Afin d'offrir plusieurs cibles différenciées de boucs émissaires en cas de résistance active,
- Afin de préparer des ressources utiles pour assurer un suivi à long terme et auprès du reste de l'organisation en cas de succès inconditionnel.

L'équipe de coachs a une expérience solide de travail en équipe. Ils sont tous activement engagés dans un processus commun de supervision de leur longue pratique professionnelle au sein d'autres contrats souvent partagés.

Le premier jour

L'événement est lancé lors d'une session plénière dans une large salle où les soixante dix participants ont choisi leurs sièges de façon libre. L'architecture initiale de la salle est classique. Arrangée par l'organisme hôtelier, elle est en forme de théâtre avec des chaises installées en rangs serrés, face à un podium sur lequel sont disposés quelques paperboards.

Cet arrangement traditionnel à la façon d'une réunion de parents d'élèves peut laisser les participants croire que le déroulement de l'événement consistera à faire défiler sur la scène des personnalités hiérarchiques et divers consultants choisis pour leur expertise.

1ère session plénière

Dans ce cadre, le PDG prend la parole afin de livrer un court discours d'introduction. Il remercie les participants pour leur présence, et demande personnellement à chacun de s'engager sans arrières-pensées dans le processus qui va suivre. Après un court descriptif du l'état financier critique de l'organisation, il expose de façon simple les objectifs des deux jours de coaching d'organisation : Travailler ensemble pour préparer l'avenir en se centrant sur l'évolution du management, de la qualité, des résultats financiers, ceci afin d'assurer la croissance et le développement de l'entreprise à long terme.

Suite à son introduction le PDG quitte le devant de la scène qui reste vide. Les quatre coachs positionnés à différents endroits dans la salle se présentent alors sans se déplacer vers le podium.

Un des coachs demande ensuite aux participants de se regrouper au sein de leurs équipes départementales. Les directeurs de départements et membres du comité de direction sont invités à se positionner en équipe distincte. Le PDG est invité à occuper une chaise hors de tout groupe défini.

- **NOTE** : Dans ce type d'événement et à cette étape de constitution de groupes de travail, les participants proposent presque infailliblement que les sous-groupes soient constitués de façon à mélanger les départements afin de faciliter la rencontre interdépartementale entre personnes qui ne se connaissent pas ou peu.

Comme prévu, cette proposition est avancée par un participant. Un des coachs clarifie que l'objectif de rencontre entre personnes qui se connaissent pas ou peu ne figure pas parmi les objectifs prioritaires des deux jours qui viennent d'être énoncés. Un deuxième coach souligne dans la foulée que des opportunités pour provoquer de nouvelles relations apparaîtront naturellement pendant les pauses et repas pendant les deux jours. Il propose aux participants de ne pas rater ces occasions pour se faire de nouvelles connaissances.

- **NOTE** : A l'image de cet exemple et de façon générale, il est utile de s'assurer qu'un même coach n'intervienne pas plusieurs fois d'affilée. Cela sert à modéliser une circularité dans la prise de parole, et permet d'éviter la mise en œuvre de polarisations relationnelles entre le groupe et un des coachs.

De façon indirecte, cette modélisation dans la circularité d'interactions entre les coachs offre au client un modèle de communication inhabituel, moins polarisant entre deux protagonistes, ce qui s'était souvent reproduit au sein de l'organisation cliente.

Pour conclure, les équipes transversales, sans hiérarchique, sont invitées à déplacer les chaises dans la salle de façon à se positionner face au centre qui se vide de tout occupant.

Suite au chaos provoqué par le re positionnement des soixante-dix personnes, une nouvelle configuration ou architecture de travail prend forme. A la place de l'agencement en théâtre, existent maintenant six groupes distinctement positionnés dans la salle, face au centre, plus le PDG, assis tout seul. Les six groupes représentent cinq départements chacun sans son hiérarchique, plus le comité de direction constitué de ces derniers. Le PDG est assis de son côté.

La confusion due à la réorganisation de la salle plénière a pour effet de baisser la tension et désorienter les participants, le temps de trouver de nouveaux repères. Le changement de perspectives créé la surprise :

- Ceux qui s'étaient regroupés entre amis et se préparaient à poursuivre leur propre ordre du jour ou observer le déroulement d'une présentation se retrouvent subitement dans le cadre plus formel, entourés par leurs équipes quotidiennes.
- Puisque tout le monde fait face au centre, chaque groupe se retrouve presque sur scène, face à tous les autres. Cela rend tout le monde acteur, sous les yeux de l'ensemble qui est aussi public.
- Comme les participants sont regroupés par équipe, cela fait resurgir l'existence d'entités départementales différenciées qui chacune pourrait manifester une identité spécifique.

En effet, les départements qui étaient noyés dans la foule deviennent des sujets présents en tant qu'entités collectives. Chacun d'entre eux apparaît comme un sous-système pertinent qui peut prendre une place et s'exprimer en tant que tel pendant le travail des deux jours.

La division de la masse initiale des participants en groupes distincts avec leurs identités et responsabilités propres redirige et ajoute de la complexité à la polarité initiale entre la foule et le devant de la scène temporairement occupée par le PDG et laissée vide depuis. Tout le monde a déjà oublié la présence du podium, l'action se passera au sein du public !

- Les membres du comité de direction assis ensemble donnent aussi corps et présence à cette entité qui jusque là n'apparaissaient pas comme aussi présente. Son identité et sa responsabilité propre prennent place dans le système, sans toutefois être assimilées avec celles du PDG
- Alors que chaque département est organisé en équipes transversales, sans leurs responsables hiérarchiques, cela vaut aussi pour le comité de direction qui par cette caractéristique structurelle commune devient une équipe « réseau » comme les autres dans la salle.
- L'équipe de direction étant majoritairement constituée de membres récents apparaît aux autres comme un groupe qui manifeste une

identité relativement moins solide, moins ancrée dans l'histoire de la société.
- De même, le PDG assis tout seul peut sembler plus vulnérable. Son identité est clairement différenciée de celle du reste du comité de direction.

Dans cette nouvelle configuration, tous les participants assis au sein de leurs équipes habituelles se font maintenant face. L'ensemble de l'organisation se regarde plutôt que de regarder la scène. L'attention des participants n'est plus portée sur le même objectif qu'était la scène, mais se retrouve redirigée sur eux-mêmes. Chaque participant et chaque équipe se trouvent presque automatiquement en position d'acteur potentiel. La perception des nombreuses caractéristiques spécifiques à la complexité de l'organisation commence à être presque palpable.

- **NOTE** : Remarquez qu'il y a maintenant deux niveaux de transversalité dans la salle. Six sous-groupes se font face sans qu'il n'apparaisse de hiérarchie dans leur positionnement respectif, et il n'existe de responsable hiérarchique dans aucun des sous-groupes.

Cela illustre que la simple réorganisation physique de l'agencement d'une salle peut changer la perspective des occupants et ainsi décentrer l'énergie afin de permettre des perceptions et interactions beaucoup plus complexes.

- **NOTE** : La stratégie systémique de remodelage spatial des possibilités d'interfaces est un outil puissant au service de coachs d'organisations. Il n'intervient pas sur le contenu des interactions mais tout simplement sur l'architecture du potentiel des interactions.

Dans ce cas particulier, la modification de l'agencement de la réunion plénière permet un remodelage des interactions. A partir d'une structure permettant une polarité entre la foule et la scène, le résultat est une géométrie plus complexe qui permet de multiples options de circularités transversales.

Les Sous-Commissions

Les équipes transversales sont installées. Il est leur est d'abord demandé de s'organiser afin de travailler de façon efficace lorsqu'elles seront dans leurs salles de sous-commission. Plus spécifiquement, il est demandé à chacun des sous-groupes de produire trois volontaires qui assumeront des

rôles de support de réunion afin d'aider leur équipe à se centrer sur ses objectifs et résultats :
- Un facilitateur qui s'assurera que chacun des participants s'exprime, sans dominer les débats,
- un cadenceur qui affichera clairement à l'équipe le temps qui passe par rapport au temps imparti,
- un scribe (autre que le facilitateur) qui écrira les commentaires du groupe sur le paperboard.

Une description succincte de chaque rôle, sous forme écrite, à lire aux autres participants dès leur arrivée dans leur salle de sous-commission, est donnée à chacun des volontaires.

Les coachs précisent aussi qu'il y aura plusieurs occasions de travailler en sous-commissions, et que ces rôles seront ensuite assumés en rotation par les autres participants du même groupe. De cette façon chacun pourra activement participer à assurer l'efficacité de son équipe lors des réunions ultérieures.

Premières Consignes

Lors de ce premier travail, toutes les équipes reçoivent la même mission centrée sur les réponses aux mêmes questions. Dans chaque équipe, il est demandé au scribe de recopier avec précision la formulation des consignes pour pouvoir s'y reporter lorsque les groupes seront distribués dans leurs salles de sous-commission.

Chaque équipe doit répondre à la question suivante concernant chacune des autres équipes présentes dans la salle :
- Quelles actions spécifiques l'équipe X (chaque autre équipe dans la salle) devrait-elle mener à bien dans son champ de responsabilité et dans l'avenir immédiat afin de participer de façon conséquente aux résultats de l'organisation ?
- Remplissez au moins une feuille de paper-board par équipe. Notez en entête de chaque feuille le nom de votre équipe puis le nom de l'équipe destinataire.

La deuxième partie de la consigne est de remplir une autre feuille de paper-board avec des items que l'équipe pense que les autres départements citeront la concernant. Cette question supplémentaire est la suivante :
- Quelles actions spécifiques relevant de votre champ de responsabilité (que votre propre département devrait mener à bien dans l'avenir immédiat, afin de participer de façon plus

conséquente aux résultats de l'organisation) pensez-vous que les autres départements citeront ?
- Remplissez au moins une feuille de paperboard.

Les coachs soulignent que les items sur les listes doivent être écrits de façon aussi complète et précise que possible. Les commentaires doivent être compréhensibles des personnes qui ne participent pas au travail des deux jours. Il est aussi spécifié qu'il n'est pas indispensable que tous les membres d'une équipe soient d'accord sur tous les items proposés par l'équipe. Il suffit dans un sous-groupe que quatre personnes soient d'accord sur la formulation d'un item pour que celui-ci puisse figurer sur la liste.

Un temps suffisant est négocié par les équipes pour mener à bien leur travail. De façon humoristique et pour créer un esprit d'émulation, un des coach commente que la qualité des listes et la quantité d'items révèleront sans aucun doute la capacité de chaque équipe à travailler de façon efficace.

Après quelques questions de clarification, les équipes sont accompagnées dans leurs salles de travail en sous-commission.

- **Note :** Les questions proposées ci-dessus reposent sur la préparation d'un travail relativement classique d'échange de perceptions croisées : 1) Que perçois-tu de l'autre ? et 2) que penses-tu que l'autre perçoit de toi ? A cette occasion et en grand groupe, il est proposé dans le cadre d'une stratégie systémique, pour recentrer l'énergie préalablement verticale sur des interfaces horizontales ou inter départementales.

Premiers Travaux Délégués

Pendant le travail en sous-commissions, les coachs évitent de visiter une équipe pendant plus de trois minutes d'affilée et jamais plus d'un coach dans une même équipe à la fois. Chaque coach fait un tour rapide de toutes les équipes au début, au milieu et à la fin du temps imparti afin de se faire une idée intuitive de la qualité de leur travail. Les coachs évitent aussi de montrer un quelconque intérêt pour le contenu du travail des sous-groupes.

Le PDG évite de visiter les équipes y compris son comité de direction. Un des coachs l'accompagne en travail de coaching à deux pendant le temps de cette séquence pour l'aider à prendre du recul, formaliser ses impressions concernant le processus en cours et mieux comprendre la complexité de son organisation.

NOTES :
- Le lancement des travaux en sous-commissions met en œuvre une deuxième modification systémique de l'architecture du processus de coaching d'organisation. Alors que l'architecture précédente en plénière pouvait laisser croire à une séquence d'échange entre départements et avec le comité de direction, voilà que toutes les équipes sont amenées à travailler seules, sur des missions spécifiques, au sein d'espaces relativement privés. Cette deuxième modification géographique permit un autre recentrage de l'énergie de chacun.
- Chaque équipe doit formuler ses perceptions sur elle-même et sur les autres en l'absence d'un regard hiérarchique, et qui plus est, en l'absence des coachs. Cela élimine le regard d'un public plus large, limite les stratégies de communication indirectes, sociales ou politiques, et met en scène la possibilité de confrontations plus personnelles au sein de systèmes beaucoup plus restreints.
- La dimension privée du travail en sous-commissions dans des salles distinctes donne à chaque équipe les moyens de se responsabiliser sur son propre travail, ses propres processus et ses propres résultats. Cela permet un recentrage pratique par chaque équipe sur elle-même, à distance du système plus large.
- Au sein du comité de direction, chaque responsable de département se retrouve à la fois en position de s'entendre dire ce que son propre département doit faire pour mieux participer aux résultats de l'entreprise, et en position de donner son avis sur les autres départements. Cette opportunité de confrontation collective entre les membres du comité de direction et en l'absence du PDG, permet de nouvelles perspectives sur le travail qu'ils ont encore à faire entre eux.

Les sous-commissions travaillent de façon intensive jusqu'à l'heure avancée du repas prévu pour 14:00 heures.

Pour évaluer vos compétences actives de coach (comportements) et avoir de nouvelles options, essayez le questionnaire en ligne, proposé en bas de page.[8]

---

[8] https://www.metasysteme-coaching.fr/francais/en-ligne-parcours-d-auto-coaching-systemique-individuel-et-d-equipe/

Deuxième Session Plénière

Après le repas, tous se retrouvent à nouveau en session plénière, dans la même configuration. Chaque participant est assis au sein de son équipe, elle-même face au centre vide de la salle. Le PDG garde sa place, assis seul de son côté, un peu en retrait du cercle d'équipes transversales.

Il est demandé à chaque équipe de plier la feuille de recommandations concernant chacune des autres équipes et de la lui livrer. Il leur est aussi demandé de garder la feuille qui concerne leurs propres recommandations à eux-mêmes.

A la surprise générale et au risque de provoquer une certaine frustration, les coachs demandent immédiatement à toutes les équipes de mettre de côté les feuilles qu'elles viennent de recevoir, sans les lire. Il est précisé que le travail sur ces listes ne concerne point l'assistance mais se fera par la suite au sein des départements concernés.

- **NOTE** : En toute logique, les participants s'attendent à immédiatement présenter, voire à discuter en grand groupe, le résultat de leurs travaux en sous commission. Certains participants qui espèrent encore assister à une confrontation générale et dramatique sont à nouveau déjoués par cette stratégie. D'autres, qui souhaitent avoir l'occasion de pointer du doigt les lacunes des autres départements ou de l'ensemble du système doivent encore ronger leur frein.

Les coachs expliquent l'évidence : c'est à chacune des équipes présentes de travailler en interne sur ses limites et sur son potentiel à développer. La perception des uns et des autres fournie par les listes de recommandations est certes très utile pour chaque équipe. Toutefois cela ne change pas le fait que c'est surtout à chaque équipe de se fixer ses propres objectifs et d'avancer sur ses propres chantiers.

En lieu et place d'échanger sur le contenu des travaux en sous groupes, les coachs proposent à chaque équipe de partager leurs perceptions sur leurs propres processus internes de travail : Partagez comment s'est passée la forme de votre réunion en sous-groupe, mais sans mentionner le contenu de votre travail.

La différence entre le processus de travail et le contenu des réunions n'est pas immédiatement comprise par tous les participants. Cette différence est clarifiée : « A supposer que la réunion ait eu pour contenu un sujet totalement différent, que pouvez-vous dire sur sa forme, ou sur votre façon de travailler ensemble en réunion ? »

Equipe après équipe, chacun des membres présente et puis discute avec ses co-équipiers le « comment » de leur travaux ensemble. Pendant chaque présentation collective d'une équipe, les autres équipes écoutent, mais ne peuvent intervenir. Seuls les coachs posent des questions de clarification et d'approfondissement après que chaque équipe ait eu au moins dix minutes de temps pour s'exprimer par elle-même.

Pour illustration suivent quelques exemples de questions posées par divers coachs à des équipes différentes :

- Quels étaient les participants les plus centraux ? Lesquels étaient les plus périphériques ? Lesquels étaient-ils les plus centrés sur la production et les résultats ? Lesquels prenaient-ils le plus de temps pour préciser les propositions et œuvraient pour aboutir à des formulations exactes ? Lesquels étaient-ils les plus passionnés ? Lesquels étaient les plus factuels ? Qui était le plus facilitant, gardant une certaine distance avec le contenu ? Lesquels ont manifesté des oppositions ? Lesquels ont manifesté des coalitions ? Lesquels jouaient un rôle de temporisateur ou de médiateur ? Comment ont fonctionné les rôles désignés pour faciliter le processus du groupe ? Comment ces rôles peuvent-ils s'améliorer par la suite, lors de vos prochaines réunions ? Que pensez-vous pouvoir retenir pour améliorer vos réunions d'équipe en général ? Etc.

Les questions sont posées par différent coachs sans que leur ordre d'intervention ne suive une quelconque structure, et les questions posées aux différent groupes ne se ressemblent pas.

- **NOTE** : L'objectif de cette forme d'exploitation relativement souple et informelle sinon imprévisible a pour but d'éviter un processus plus formel ou rituel. Il propose à chaque équipe une différentiation et permet l'émergence d'inspirations liées aux relations qui s'instaurent dans l'instant présent.

De façon systémique, la circularité stratégique dans la communication des coachs illustre au client collectif ce qu'est la circularité dans la communication, et le forme à la puissance d'une collaboration efficace menée par des acteurs paritaires.

Le « débriefing » des processus de travail en sous-groupes dure plus de deux heures et devient peu à peu une pièce centrale du travail en session plénière. Au fur et à mesure que chaque équipe prend son tour, les participants partagent plus de détails et émettent des commentaires plus pertinents. Chaque équipe prend presque plaisir à décrire la spécificité de ses processus et de sa culture au reste de l'organisation.

- **NOTES** : Ces formulations en public de processus spécifiques à chacune des équipes révèlent peu à peu des caractéristiques fondamentales et des cultures et modes opératoires différenciant chacun des sous-ensembles.

Cette révélation est à la fois au bénéfice de l'assistance et à celui de l'équipe concernée, qui peu à peu prend conscience de sa spécificité et de sa différence par rapport aux autres.

Même si cette séquence a lieu au regard du reste de l'organisation, les questions des coachs ne cherchent qu'à accompagner chaque équipe dans sa prise de conscience de ses propres processus internes. C'est pour répondre à cet objectif que les interventions des autres équipes sont volontairement limitées par les coachs, dans un premier temps.

Quelques questions de coachs sont centrées sur les corrélations systémiques entre les processus internes de chaque équipe lors de son travail en sous-commission et l'observation de ses interactions alors qu'elle présente son travail en session plénière.

Exemples :
- Si, lors de la session plénière, une seule personne expose l'ensemble des processus d'une équipe pendant que les autres membres l'écoutent attentivement mais de façon passive, en quoi cela reflète t-il leur façon de travailler en sous-commission ?
- Si les membres d'une équipe s'interrompent tous activement pendant une présentation collective chaotique, en quoi cela reflète t-il leur façon habituelle de travailler ensemble ?
- Si deux personnes restent silencieuses, assises à la périphérie de la présentation d'une équipe, en quoi cela peut-il illustrer leur positionnement quotidien au sein de ce sous-système ?
- Si seuls deux ou trois ténors cherchent à imposer une perception positive au dépend des autres plus critiques, en quoi cela reflète t-il la qualité des résultats de leurs travaux collectifs ?
- Si l'ensemble de l'équipe se retient de façon attentiste et ne fait que répondre de façon minimaliste aux questions des coachs, quel

parallèle les membres peuvent-ils faire avec leur travail en sous-commission ?
- Si deux participants expriment avec passion leur désaccord devant le grand groupe, comment ont-ils structuré, de la même façon, le processus de leur équipe en sous-commission ?
- Si une équipe présente son travail avec méthode, ou avec passion, ou avec parcimonie ou dans un excès de détails, etc. que cela reflète t-il avec sa façon habituelle de travailler ?
- Etc.

Quel que soit le résultat de ce travail de partage centré sur des parallèles systémiques, les questions de conclusions des coachs se tournent vers l'avenir :

- Que décidez-vous de faire de différent dans votre prochaine réunion de sous-commission, et dans vos futures réunions d'équipe pour que tous puissent mieux participer afin d'obtenir des résultats collectifs plus performants ?

Lors du travail de présentation de chaque équipe et lors des questions et réponses de chaque coach, les autres participants dans la salle écoutent, et n'interviennent pas. Ce n'est qu'après qu'une équipe a terminé son travail avec les coachs que des questions complémentaires sont acceptées de la part des autres participants à la réunion plénière, et de la part du PDG.

NOTES :
- La présentation par chaque département de ses processus internes lors de sa présentation en grand groupe fournit de nombreux indicateurs systémiques sur ses processus en sous-commission comme sur ses processus de travail habituels, au sein de l'entreprise. De fait, cette séquence donne au reste de l'organisation de nombreux indicateurs, in situ, de la qualité des interfaces internes de l'équipe et des spécificités de sa culture propre.
- Sachant que les membres du comité de direction, tous directeurs de départements ne peuvent intervenir lorsque leur équipe se présente, chacun d'entre eux se trouve en position à la fois d'observer à distance les processus de son équipe, et de ne pas pouvoir intervenir pour les préciser ou les justifier.
- Les membres du comité de direction présentent aussi au reste de l'organisation leur perception de leur propres processus tout en les mettant en œuvre in situ, au sein de la session plénière. Eux aussi

- modélisent qu'une équipe peut se centrer sur son potentiel et se fixer des objectifs d'amélioration dans l'avenir.
- Le PDG est en position de voir toute la complexité culturelle de son organisation mise à plat devant lui. Cela lui permet de développer une distance stratégique vitale.
- Chaque équipe apprend peu à peu à méta-communiquer sur ses processus internes et sur des options de solutions.
- Tous les participants ont l'opportunité de constater l'importance de développer des processus internes plus performants et centrés sur des résultats collectifs. Ils obtiennent aussi de nombreuses pistes d'amélioration qu'ils peuvent mettre en œuvre au sein de leur équipe par la suite.

Deuxièmes Consignes

Dès la fin des présentations des processus internes des équipes, les coachs leur demandent de produire de nouveaux volontaires pour assumer les trois rôles fonctionnels pour leur prochaine réunion en sous-commission : facilitateur, cadenceur, et scribe au paperboard. Les volontaires reçoivent de nouvelles feuilles descriptives de leurs rôles, à lire aux autres participants dès leur arrivée dans leurs salles de sous-commissions. Le scribe est à nouveau sollicité pour relever avec précision les consignes pour ce travail ultérieur.

Au sein de chaque équipe, dont le comité de direction, les consignes pour les prochains travaux en sous-commission sont les suivantes :
- Emportez toutes les listes de recommandation vous concernant, issus des autres équipes, plus la liste que vous avez composée sur vos propres axes de développement. En partant de ces listes :
- Faites d'abord un report sur une seule liste de tous les items qui figurent sur toutes les listes, sans effectuer aucune censure ni aucune synthèse.
- Faites ensuite un choix de dix priorités que vous estimez pouvoir faire une différence significative dans votre contribution aux résultats de l'entreprise.
- Pour chacune de ces priorités, établissez des objectifs mesurables, des instruments de mesure et des délais dans lesquels vous vous engagez à obtenir des résultats.
- N'hésitez pas à construire des plans d'action précis dont les résultats seront mesurables.

Feuilles de décision

Chaque équipe est invitée à relever ses listes de priorités, ses objectifs, ses délais et ses plans d'actions sur des feuilles de décision pré imprimées dont le format permet de faire des photocopies. A la fin de ce travail en sous-commission, une copie des feuilles de décisions de chaque équipe sera photocopiée pour être distribuée à tous ses membres comme aux membres du comité de direction et au PDG.

Les feuilles de décision pré imprimées comprennent une colonne vide pour inscrire les délais de chaque décision et une autre pour inscrire le nom du pilote qui assurera le suivi de la décision. Il est souligné que les pilotes ne peuvent être que des personnes présentes à la réunion de sous-commission. Il est aussi annoncé que la qualité du remplissage des feuilles de décisions est généralement considérée comme un des indicateurs principaux de l'efficacité d'une réunion.

Enfin les coachs sollicitent un quatrième volontaire par équipe à même d'assurer le rôle de « secrétaire » de réunion (pousse décision). Ce rôle est différent de celui de scribe. Il consiste à aider l'équipe à se centrer sur sa production de décisions complètes et inscrites sur la feuille de décision. La fonction des volontaires est de s'assurer que les décisions sont concrètes, claires, mesurables, et qu'elles ont toutes leur délai d'application et leur pilote choisi parmi les membres de l'équipe présents à la réunion.

Quelques participants proposent que les photocopies de chaque groupe soient distribuées à chacun des soixante-dix présents dans la salle. Cette proposition est acceptée.

Un temps est négocié pour assurer ce travail relativement conséquent en sous-commission. Le temps est alloué de façon à ce que le travail en sous-commission termine la journée et démarre la matinée suivante. Par conséquent, la session plénière est ajournée en se donnant un rendez-vous collectif, en salle plénière et dans la même configuration, au milieu de la matinée du deuxième jour.

- **NOTE** : Le fait de laisser les participants finir la journée et démarrer la suivante au sein de leurs équipes plutôt qu'en session plénière est une façon systémique de leur déléguer encore plus de liberté et de responsabilité. Cette segmentation du temps de travail du coaching d'organisations n'est pas anodine. Au-delà du jeu des modifications de l'architecture de l'espace, elle ajoute un autre indicateur symbolique et plus inhabituel : le processus de délégation de la responsabilité aux équipes subalternes se fait aussi en jouant sur la segmentation du temps.

Par conséquent, la session plénière prend moins d'importance relative au sein du déroulement des deux jours. Si elle lance la première journée, elle ne la clot pas ni ne démarre la seconde. Cela renforce la perception des participants que le processus et la responsabilité de résultats sont réellement mis entre leurs mains. La session plénière n'est progressivement devenue qu'un lieu occasionnel où le travail en sous-commission est organisé, sans plus.

Chaque équipe est sollicitée pour définir ses propres priorités, objectifs, plans d'action et délais hors de la présence de leurs chefs de département. Cela accentue encore plus la marge d'autonomie et de responsabilité des membres des équipes et de leur travail en transversalité.

Il faut cependant souligner que dans la mesure où les responsables de département ne participent pas aux réunions de leurs équipes, les propositions de décisions qui figurent sur les feuilles de décisions ne pourront être considérées comme fermes et définitives. Le processus ne fait que mettre les membres de chaque équipe en situation d'œuvrer ensemble pour proposer les options de décisions qu'ils considèrent stratégiques.

De même, le comité de direction œuvre hors de la présence du PDG. Ses membres sont mis en situation collective de proposer des axes de développement en se centrant sur leur perception collective des priorités de l'entreprise toute entière. Ces propositions de décisions seront données au PDG avant que ce dernier ne les influence avec ses propres priorités. Ce travail consiste à aspirer les responsables de département au niveau supérieur, en les centrant sur les résultats de l'entreprise toute entière, hors des préoccupations limitées de leurs silos individuels.

Le deuxième jour

Le Processus
Lors du travail en sous commissions, les coachs évitent à nouveau de visiter les groupes trop souvent ni trop longtemps. Ils ne font que passer rapidement dans chaque équipe pour sentir le type de dynamique, et surtout sans prêter attention au contenu de leur travail.

Le PDG ne visite aucune des équipes. Il est accompagné par un des coachs pendant la plus grande partie du temps de travail. Avec ce coach, il met à plat sa perception de la culture de son entreprise et réfléchit aux questions du coach qui le guide dans sa réflexion sur le management de son organisation, sur son comité de direction, sur la stratégie de développement de son organisation, etc.

A la fin du temps imparti pour le travail en sous-commission, chaque équipe photocopie sa feuille de décision en autant d'exemplaires que le nombre de participants à l'événement. Des documents sont distribués dès l'ouverture de la troisième session plénière, après la pause en milieu de matinée.

Il est demandé à tous les participants de ranger les feuilles de décisions pour lecture ultérieure, et il est souligné que ces décisions ne sont pas encore formellement prises. En effet, pour être officiellement actées, ces décisions doivent encore être validées par les décisionnaires, jusque là absents des groupes transversaux. Les coachs annoncent que ce travail sera fait en équipes et avec les décisionnaires, suite à la session plénière.

Troisième Session Plénière
La troisième session plénière ressemble à la seconde. Son déroulement est centré tour à tour sur le partage des processus de fonctionnement de chacune des équipes. Les échanges sont plus spontanés. Chaque participant partage plus volontiers sa perception. Les participants sont familiers avec le processus et décrivent avec plus de facilité les détails pertinents de leur travail en équipe.

De façon générale, ce tour d'échanges témoigne d'un meilleur travail en équipe, illustré en direct par une meilleure qualité de présentation et d'écoute dans la salle. Ce constat est validé par un résultat centré sur des actions et des solutions plus pratiques. De plus, les participants manifestent spontanément une bien plus grande satisfaction. Quelques-uns mentionnent des passages difficiles que l'équipe a réussi à surmonter grâce à l'intervention salutaire de l'un d'entre eux qui est parvenu à les remettre sur la bonne voie et les rendre plus productifs.

Les questions des coachs sont centrées sur le détail des processus, sur les progrès constatés par rapport aux sessions précédentes et sur les enseignements que les participants peuvent tirer de ces comparaisons.
Plus de temps est accordé pour préciser les compétences utiles des divers rôles d'accompagnement de réunions performantes et sur les moyens que chaque équipe peut mettre en œuvre afin de mener de meilleures réunions dans l'avenir.

Les coachs posent des questions spécifiques pour révéler l'intérêt de faire tourner les rôles de réunion afin de développer un environnement de co-apprentissage et de co-développement au sein des équipes.
Cette deuxième réunion plénière dure jusqu'à l'heure du repas de midi.

Troisièmes Consignes
L'après-midi, une troisième et dernière session de sous-commissions est organisée. Chaque équipe départementale est invitée à se réunir à nouveau, mais cette fois-ci avec son responsable de département. Par conséquent, le comité de direction ne peut se réunir, faute de participants.

Au sein de chaque département, les mêmes rôles de réunion (moins le scribe) sont assumés par d'autres volontaires encore. Les responsables de départements, décisionnaires officiels, sont invités à n'assumer aucun des rôles qui sont de fait encore délégués aux autres membres des équipes. Les coachs expliquent que cela permet aux décisionnaires de se centrer sur la qualité des décisions, de garder le recul nécessaire pour que chacun observe bien son équipe et en général pour développer un regard plus stratégique.

Au niveau du contenu, l'objectif de cette dernière session de sous-commission est de finaliser et formaliser les décisions et plans d'actions de chaque département. Ces formalisations seront matérialisées par des feuilles de décisions qui seront ensuite distribuées :

- A chaque participant de la réunion.
- A chaque membre des autres départements présent lors des deux jours, par e-mail, le lendemain.
- Parmi lesquels chaque membre du comité de direction.
- Et au PDG

De façon plus précise, la question pour chaque équipe est « Que va faire votre département pour contribuer de façon significative à l'augmentation de la qualité perçue et des résultats financiers de l'organisation dans les six mois qui suivent ? » Pour chaque décision, notez les instruments de mesure, les pilotes et les délais.

- **NOTE :** Pour pouvoir officiellement prendre ces décisions au sein de chaque département, l'architecture des équipes départementales devait être modifiée pour inclure les responsables de départements en tant que décisionnaires.

Au niveau de la forme, l'effet systémique de ce dernier travail en sous-commission est par conséquent de réintégrer les responsables de départements au sein de leurs zones de responsabilités et de leur rôle de décisionnaire. Cela permet de les re qualifier dans leur fonction de responsables.

Puisque les responsables de départements ne peuvent se réunir au sein du comité de direction avec le PDG pour prendre les décisions à ce niveau, ce comité s'engage à se réunir dans la semaine qui suit afin de finaliser ses décisions. Par ailleurs, ils s'engagent à envoyer aux soixante-dix participants le relevé de leurs décisions par email, dans un délai de huit jours.

Pendant cette dernière séquence, les coachs évitent totalement de rendre visite aux différentes équipes en sous-commission. Les coachs et le PDG se réunissent de leur côté pour ensemble faire le bilan des deux jours et envisager des options de suivi pour l'avenir.

Quatrième Session Plénière

La dernière session plénière est sensiblement modifiée pour refléter la configuration systémique du travail en sous-commission qui vient d'avoir lieu. Chaque département est positionné dans la salle avec son responsable, la place du comité de direction est laissée vacante.

Dans cette nouvelle configuration, chaque département présente au reste du groupe leurs processus de travail, toujours en évitant de parler du contenu de leurs discussions et décisions.

Les questions de coachs les accompagnent en centrant aussi l'exposé des équipes sur l'intégration de leurs responsables et la différence perçue entre ce travail en sous-commission et les expériences précédentes. Aussi, des questions sont posées aux responsables de départements pour susciter leurs ressentis sur d'éventuels changements perçus dans la conduite de réunion de leur équipe, comparé aux réunions réalisées dans le passé.

Une discussion suit pour souligner l'intérêt de continuer à mener les réunions départementales habituelles de cette même façon, avec les mêmes rôles délégués, assumés en rotation régulière par tous les membres de chaque équipe. Une décision dans ce sens semble presque unanime.

Cette discussion libre en session plénière amorce plusieurs autres discussions, décisions et engagements.

- Le comité de direction s'engage à suivre tous les engagements de toutes les équipes et à en informer tous les départements à un rythme mensuel.
- Le principe d'une autre action à soixante-dix participants ou plus, à un rythme annuel est discuté et décidé.
- Le PDG fait une courte conclusion remerciant tout le monde pour leur fort engagement dans l'avenir et la réussite de la société, et s'engage personnellement dans ce sens.

Un cocktail de clôture accueille tout le monde avant le départ.

- **NOTE** : Sur la fin de la dernière session plénière, les coachs se sont rendus de plus en plus transparents, se regroupant dans un coin de la salle et laissant le groupe à lui-même. Celui-ci se mit à évoluer dans sa propre intimité, et chose nouvelle, prendre des décisions en grand groupe sans aucune difficulté. La frontière entre les départements s'est estompée et une nouvelle architecture d'interfaces a pris forme comprenant les soixante-dix collaborateurs, œuvrant tous dans une même direction.

Conclusions

Une série d'observations peut être faite et quelques conclusions être tirées sur le coaching systémique d'organisations à partir de ce cas.

Le processus d'accompagnement illustré n'est aucunement centré sur le contenu, mais entièrement sur le processus. A aucun moment les coachs n'ont proposé de commentaires ou d'analyses sur la situation de l'entreprise, sur un de ses enjeux, voire sur une quelconque solution.

A aucun moment le processus d'accompagnement illustré par ce cas n'a été centré sur l'amélioration de relations interpersonnelles ou interdépartementales précises. De fait, à aucun moment, l'attention des coachs n'a été centrée sur des individus particuliers. Par ailleurs, ils ont tout fait pour se rendre eux-mêmes le plus transparent possible et pour laisser tout l'espace au travail du client collectif.

Le travail des coachs concernait presque exclusivement la création d'un espace pertinent et mobile d'apprentissage et de développement systémique pour permettre à l'organisation, et par conséquent à tous ses membres, de trouver ses propres solutions. Si enjeux relationnels il y avait, ceux-ci furent traités par les équipes et les personnes concernées, à leur rythme et à leur façon.

Lors de cet accompagnement, les enjeux de l'organisation furent directement adressés par les employés et dirigeants. Ce travail a été intentionnellement dirigé par les questions des coachs centrées sur l'avenir, sur les objectifs, sur les solutions et sur les plans d'actions centrés sur des résultats.

Toutes les sessions en sous-commission ont été menées par les membres des équipes concernées. Au fur et à mesure du déroulement des deux jours, les visites des coachs dans ces sessions étaient de plus en plus espacées et de plus en plus courtes. Par conséquent, le résultat des travaux n'est aucunement attribuable à leur présence ni à leur volonté d'aboutir. Par conséquent aussi, les résultats des discussions et toutes les décisions prises lors de ces deux jours appartiennent totalement aux participants. De plus, avec quelques techniques simples et sans supervision des coachs, les équipes ont expérimenté, adapté et intégré des moyens de mieux mener leurs réunions en entreprise par la suite.

Les sessions plénières étaient menées avec un objectif systémique à la fois centré sur ce que les participants disaient que leurs équipes avaient fait et sur la façon dont ils présentaient ce message en plénière. Dans cette arène, les questions des coachs proposées à chaque équipe avaient pour objectif d'en aider les membres à mieux comprendre leurs processus de travail internes et à en imaginer de plus performants.

Ce travail par équipe peut s'apparenter à un accompagnement d'équipes, mais le fait qu'il soit fait en partage, en grand groupe, au vu des membres du comité de direction et avec le PDG, permet de toucher une autre dimension collective bien plus large.

PERSPECTIVES D'AVENIR

De toute évidence, de multiples enseignements peuvent être tirés et autant de questions méritent d'être posées à partir de ce cas sur le coaching systémique d'organisation.

Une première série de questions peuvent être posées sur l'art du changement de perspectives du client par la modification de ses interfaces de travail. Par exemple quelles architectures d'apprentissage sont particulièrement utiles pour quels types d'objectifs ?

Le cas ci-dessus est particulier, mais quid d'une situation concernant deux organisations en cours de fusion,

- ou encore quid d'un travail beaucoup plus centré sur l'augmentation des bénéfices,
- ou concernant le déménagement d'un siège social,
- ou en cas de réorganisation par ligne de produit plutôt que par zone géographique,
- etc. ?

Il est certain qu'à chaque cas particulier et chaque enjeu d'organisation spécifique, le jeu de reconfiguration systémique des architectures d'apprentissage mérite d'être conçu de façon originale.

Une autre série de réflexions mérite d'être élaborée sur les stratégies systémiques illustrées au cours de ce cas. Prenons pour premier exemple la stratégie de triangulation présente tout au long de l'accompagnement décrit ci-dessus. Elle a consisté à presque continuellement centrer toutes les personnes et équipes sur des objectifs communs pour les décentrer de leur polarité relationnelle verticale, initialement perçue et présentée comme conflictuelle.

Alors qu'ils étaient en opposition manifeste à leur arrivée et grâce à ce travail de recentrage collectif, l'ensemble des acteurs en présence a pu conclure les deux jours en regardant tous dans le même sens. Cette stratégie centrale dans une démarche de coaching systémique d'organisation la différencie nettement de tout travail issu des héritages psychologiques et du mouvement du potentiel humain.

Bien entendu, au-delà de l'accent mis sur les modifications d'architectures de travail tout au long de cet exposé, un certain nombre d'autres axes de réflexions sur le coaching d'organisations sont possibles.

Prenons pour exemple : Comment peut évoluer l'art de poser des questions pertinentes lorsque l'on accompagne un travail au sein de très grands groupes ? Quelles sont les stratégies collectives qu'une équipe de coachs d'organisation peut inventer et mettre en œuvre que le coaching individuel ou d'équipe n'a pas encore eu l'opportunité d'explorer ? Etc. Ces questions font l'objet du vaste champ du coaching d'organisations qui reste encore à explorer.

ANNEXE I

CONDITIONS DE REUSSITE POUR UN COACHING D'ORGANISATION

Texte repris d'un article paru sur LINKEDIN en 2022

Le coaching au sein d'un système, par exemple une équipe, une famille ou une organisation est bien plus efficace que le coaching de chacun de ses membres pris individuellement. C'est l'argument principal de l'intérêt croissant pour mettre en oeuvre des accompagnements en coaching d'équipe et organisation.

La raison en est simple : le coaching d'individus pris indépendamment les uns des autres n'affecte pas directement l'ensemble des interfaces au sein du système qu'ils composent. Lorsque chaque personne rejoint l'équipe après ses séances individuelles, les autres membres ne se sentent pas impliqués dans les conséquences et enjeux de son travail personnel, et ne comprennent pas pourquoi le soutenir, voire peuvent résister à toute mise en oeuvre de changements.

- En revanche, le coaching d'un ensemble familial ou professionnel telle une équipe ou une organisation permet à cet ensemble d'évoluer en tant que tel, et *simultanément* permet l'évolution individuelle de toutes les personnes concernées.

Qui plus est, l'évolution du système est bien plus permanente. Toute nouvelle personne qui se joindrait au système ultérieurement devra automatiquement s'adapter à la maturité relationnelle et aux nouvelles configurations opérationnelles présentes dans le système qui l'accueille. Un système collectif est bien plus puissant que toute personne individuelle qui s'y intègre. Par conséquent, s'il a évolué, tout nouvel arrivant s'adapte à cette évolution.

Cet état de fait est la raison même pour laquelle depuis des années, même avant l'avènement du coaching d'équipe, des cohésions d'équipes, des team-buildings, et autres interventions de développement d'équipes sont privilégiées par les opérationnels. Ils ont mesuré qu'un travail collectif au sein même du système permet d'aboutir à de meilleurs performances collectives qualitatives et qualitatives.

- ATTENTION : A contrario, il se peut que la politique qui consiste à envoyer des personnes se former individuellement à l'extérieur du système est une excellent façon de s'assurer que les changements envisagés hors des murs ne sera jamais appliqué à leur retour.

Si l'on considère l'efficacité d'un travail interne aux systèmes-clients, le niveau supérieur de complexité concerne le coaching d'organisations. Il faut toutefois être clair sur la définition de ce terme : ce n'est pas seulement un coaching *en* organisation, mais surtout le coaching *d'une* organisation en tant qu'entité unitaire.

- Comme lors d'un coaching d'équipe où, par définition, tous les membres sont activement présents, un coaching d'organisation est une situation de coaching en *simultané* de plusieurs équipes transversales pertinentes, *toutes issues de la même organisation.*

La progression encombre de participants est exponentiellement supérieure passant d'une équipe de dix ou douze membres à dix ou douze équipes, dont quelquefois presque cent participants.

Typiquement, un coaching d'organisation inclut donc :
1) Le Directeur Général, patron de département ou de division,
2) L'ensemble de son comité de direction ou tous ses "directs reports", et
3) Tous les membres de toutes les équipes immédiatement subalternes.

Au sein d'une organisations conséquente, presque toutes ces personnes sont des managers, voire des managers de managers. Un tel état major au complet, peut comprendre jusqu'à 90 ou cent personnes.

Pourquoi faire?
En mobilisant une telle masse simultanément, le coaching d'organisations permet de contourner plusieurs freins à la véritable transformation ou métamorphose de systèmes complexes tels des entreprises. Rappelons encore que :

1) La transformation des interfaces opérationnels au sein d'un système permet la transformation de tous ses membres actuels, et futurs nouveaux arrivants.
2) A contrario, le développement personnel ou professionnel d'individus les uns après les autres ne transforme pas les systèmes. Il creuse l'écart, et l'aliénation, entre le système qui ne change pas et le développement individuel des membres qui décident d'évoluer.

Première croyance à remettre en question

Considérez la dé-responsabilisation collective implicite dans l'énoncé suivant, qui délègue toute possibilité d'évolution sociale vers le haut vers le haut :

- Afin de transformer un système, il faut commencer par la direction générale, le centre, ou le top, et le changement sera ensuite décliné dans le reste du système, couche après couche. La direction doit donner l'exemple."

Ce cadre de référence ne sert qu'à renforcer la culture dominante « top-down » qui veut que tout commence au centre du système ou en haut de la pyramide, et se diffuse ensuite vers la périphérie. Cette croyance illustre à merveille la résistance passive totalement complémentaire du personnel non dirigeant. Cela consiste à tout déléguer vers le haut, puis attendre, afin de critiquer et en faire le moins possible. En retour, ce type de polarité culturelle provoque encore plus de pression descendante, puis plus de résistance, puis le burn-out, le brown out, et enfin la grande démission.

- En réalité, les transformations réelles au sein de systèmes complexes viennent bien plus souvent de la périphérie ou de la base proche de la frontière externe, proche de la réalité de la production, proche des clients, du marché et du terrain.

Typiquement au sein de nombreux systèmes installés, le centre est à la fois déconnecté, conservateur et dans la volonté de contrôle. Il oeuvre plutôt à empêcher sa périphérie de trop rapidement prendre des initiatives locales innovantes voire transformantes.

- **ATTENTION :** Toute aspiration collective spontanée *pour* quelque changement conséquent est immédiatement traduite en conspiration *contre* leur pouvoir établi.

Par conséquent, la grande majorité des directives contraignantes issues des services centraux tels la RH, le Marketing, les Finances, et le siège en général ne sert généralement qu'à augmenter la main-mise centrale. Cel se développe progressivement au fil de l'histoire d'une entreprise, d'une organisation, d'un pays.

- Historiquement, la fonction réelle du leadership et de son administration est surtout d'assurer sa pérennité, d'assurer son propre confort, d'augmenter ses propres avantages, d'élargir son propre parachute, d'installer sa dynastie, et ceci même en démocratie (cf. les Bush, Kennedy, et al).

Le centre du système ou le comité de direction limite le changement en se servant de moult stratégies de diversion : Il fait de nombreuses promesses de changements futurs qui ne voient rarement le jour. « Demain, on rase gratis ». Prenez pour exemple celles jamais tenues régulièrement annoncées par tous les gouvernements.

- **EXEMPLE :** Pas plus que ce n'est le rôle de l'ADN au sein de cellules biologiques de créer des OGMs, ce n'est pas le rôle du gouvernement de mener des révolutions.

De fait, la meilleure façon de ne pas réussir n'importe quel changement est de le décréter à partir du haut, de l'imposer vers le bas, puis de gérer la résistance normale que cette démarche volontaire provoque.

- **ATTENTION :** Cela illustre que dans leur grande majorité, les collaborateurs et salariés ne sont pas contre le changement en tant que tel. Ils ne sont tout simplement pas dupes de la forme directive voire contraignante véhiculée par des promesses séduisantes.

Ils refusent d'être traités comme des rouages, des pions ou des objets dans une relation qui ne fait que leur proposer une soumission en leur offrant une carotte. En revanche, ils accepteraient un changement dans lequel ils pourraient participer si on leur proposait d'en être des *acteurs* respectés et respectables. Comme ce type de proposition paritaire est absente voire disparait de nombreuses organisations, la résistance active et passive de la base se démultiplie. Surtout depuis les années 2000 et le grand tournant de la révolution de l'information.

- Or si en approche système, une *réflexion globale* orchestrée par la direction est utile, elle n'a de sens que si chaque collaborateur est capable et motivé de la mettre en oeuvre à travers de nombreuses *actions locales,* au sein de chacun des ensemble subalternes.

Par conséquent, pour les rendre plus efficaces sinon incontournables il est utile d'initier les transformations que l'on veut globales *simultanément* au sommet *et au sein d'un maximum de sous-systèmes locaux* !

Constats sur l'histoire de la conduite du changement

1) Le cadre de référence dominant ou top-down du « pilotage » du faux changement est paradoxal. Ce cadre de référence sert surtout à assurer la prévisibilité conservatrice des résultats attendus par les actionnaires. Or malgré les apparences, ils sont notoirement peu ouverts à une quelconque prise de risque,.

- Pour les actionnaires, tout changement trop rapide et innovant est perçu comme trop risqué. P
- Paradoxalement pour eux, le risque du non-changement qui assure une graduelle obsolescence n'est jamais mesuré ni pris au sérieux.

Pour les actionnaires, même une progressivité lente de résultats financiers est perçue comme beaucoup plus sûre que lorsqu'elle est rapide mais en dents de scie. Par ailleurs, une prévision de résultats à un an qui serait tenue au centime près est perçue comme bien plus sûre que lorsqu'elle est trop largement dépassée, comme lors d'une année exceptionnelle mais imprévue. En somme, les actionnaires n'aiment pas les surprises, même si elles sont bonnes.

- **ATTENTION :** C'est aussi au sein du noyau de systèmes complexes qu'il y a le plus d'enjeux de politiques individuelles, de compétition fratricide, de jeux de manipulation et carriéristes, de tentation de corruption, d'usure du pouvoir, etc.

De nombreuses stratégies compétitives et territoriales servent à individuellement se positionner afin de se démarquer des collègues et prendre, à terme, la place du patron - c'est la stratégie parricide du dauphin, du fils ainé. Il faut s'emparer de l'héritage !

2) Ne tenant pas compte de ces compétitions internes, de ces stratégies occultes, le comité de direction et les consultants qui les servent soutiennent presque toujours qu'il faut absolument initier la transformation générale en son propre sein.   En vase clos, c'est au comité de direction de tester la validité de toute démarche de changement avant de la diffuser au bénéfice du reste du système.

- Comme si les membres du comité de direction pouvaient décider de quoique ce soit de façon unitaire alors qu'ils se méfient tous les uns des autres.   Comme toujours, le débat risque d'être interminable.

Une autre option courante et tout aussi stérile est de décréter qu'il faut commencer la démarche de transformation de l"entreprise dans un lieu encore plus résistant, l'endroit le plus rebelle, le plus syndiqué, le plus dysfonctionnel, où tout le monde sait que ça ne marchera pas, où toute tentative sera vouée à l'échec. Ce lieu n'est quelquefois pas le comité de direction.

Ici ou là, si jamais un peu de changement inattendu devient possible, le suivi du processus est généralement délégué pour être managé par les RH qui à son tour le délègue au service de formation ou un autre sous-sous système sans crédibilité affirmée.

Dès lors, la conduite réelle de la transformation ne concernera plus les opérations, ni le business, ni les résultats financiers, et plus du tout la direction générale qui est déjà passée à d'autres urgences. La démarche initiale de changement, qui fut stratégique, devient alors plutôt centrée sur des principes d'amélioration des relations, ou sur l'étude de la culture collective, ou sur tout autre domaine définit à priori comme "soft," c'est à dire non mesurable, voire idéologique.

Ce glissement progressif vers du purement conceptuel permet de continuer à servir des discours officiels qui promettent l'évolution du style de management, de l'ownership, de la délégation, de la responsabilité... et d'autres grands principes généraux. Il ne s'agira jamais de mesurer l'évolution réelle des comportements observables et autres résultats concrets, déployés au sein de tous les modes opératoires des départements et services opérationnels.

Et pendant ce temps, la pression, le harcèlement, le burn-out, la fuite des cerveaux et la grande démission continue, voire accélère.

- Sachez à ce sujet, que la réelle fonction RH dans ces entreprises a pour rôle essentiel d'assurer que tout le monde comprenne bien et se plie à la culture dominante centralisée. L RH est là pour préserver la paix sociale apparente.

Pou illustrer, la fonction RH dans les pays de l'Ouest correspond à l'ancien Parti du Peuple omniprésent dans les pays de l'Est. Les deux sont des contre-pouvoirs influents, souvent occultes, qui opèrent de façon levantine. Par conséquent, les managers et salariés « hors cadre » ou trop « originaux » historiquement remerciés et licenciés ou dirigés vers des placards plus ou moins dorés sont maintenant désignés pour être accompagnés par des coachs individuels, avec pour objectif de les remettre dans le rang.

Cela dit dans de nombreux cas, le fait d'être désigné pour un accompagnement de coaching individuel est généralement suivi d'une démarche de séparation volontaire ou provoquée. C'est un début d'outplacement déguisé telle une démarche d'expulsion politique d'un pays. Décidément dans tout cela, la véritable conduite du changement est bien difficile à cerner et semée de nombreuses embuches.

Une stratégie systémique en trois étapes

- **Le coach d'organisation doit d'abord créer une forte coalition préalable avec un patron visiblement engagé,** et présent du début à la fin du processus de transformation.

En parallèle, il est souvent utile de l'accompagner en coaching individuel. Partez du principe que lorsque le patron n'est pas personnellement engagé, un coaching d'organisation ne donne jamais les résultats de transformation souhaités. Ça serait comme d'affirmer que l'on peut espérer de bons résultats d'une thérapie familiale en se passant de l'engagement total des parents.

Le mieux pour assurer un bon accompagnement est souvent de démarrer avec un PDG ou patron fraichement nommé, récemment mandaté et fortement motivé pour installer une transformation profonde. A contrario lorsqu'il est bientôt en partance, tout le monde aura compris qu'il s'agit d'une opération cosmétique pour préparer un départ flamboyant, ou d'une tentative tardive de redresser la barre alors que son bilan défavorable est déjà en préparation.

Les résultats opérationnels stratégiques souhaités de façon clairement mesurables doivent être mis au coeur de l'action de coaching d'organisation. Il s'agira par exemple d'accompagner une fusion, un déménagement conséquent, un redéploiement, une augmentation inhabituelle de résultats financiers, de vente ou de marge opérationnelle, de qualité-client, de réduction générale des coûts ou du turnover, etc.

Ce fil conducteur opérationnel doit être accompagné de délais précis et d'un calendrier qui concerne l'ensemble de l'organisation comme chacune des équipes de direction en présence. Une fois de plus, de façon mesurable.

Bien entendu, afin de réaliser des résultats extraordinaires, il faut s'attendre à ce que les modes opératoires de management, de travail en équipe, de délégation, d'engagement, de prise d'initiative, de prise de décisions et du suivi de leur application, de circulation d'information pertinentes, de qualité de réunions, etc. seront totalement revus au sein de toutes les équipes en présence.

ATTENTION :
- Il est impossible d'espérer des résultats opérationnels mesurables beaucoup plus performants en continuant de faire la même chose , *au niveau des processus ou modes opératoires internes*.
- Il est impossible d'effectuer un changement culturel fondamental s'il n'est pas ancré dans l'activité opérationnelle du système.

Par conséquent, en se centrant aussi sur l'atteinte de résultats opérationnels, les coachs d'organisations sortent ici du discours historique et éminemment conservateur de la culture top-down, centré *soit* sur la culture d'entreprise et les relations, *soit* sur les résultats opérationnels.

- **Il est utile de commencer un coaching d'organisation par un travail préalable de prise de conscience et d'alignement** au sein du comité de direction *élargi à vingt personnes.*

Cette phase de recherche partagée est centrée sur la mise à plat de l'état actuel de la culture active, c'est à dire mesurable, des acteurs clés de l'entreprise. Il s'agit là d'une mesure précise de leurs propres compétences *comportementales* individuelles *et collectives* dans les domaines d'alignement, d'information et d'analyse, d'authenticité relationnelle, et d'action pertinentes. Afin d'impliquer ces acteurs clés dans un véritable dialogue collectif, chacun est invité à situer son propre niveau de compétences comportementales mesurables dans ces quatre domaines, et d'entamer un dialogue avec les autres. Le diagnostic des forces et faiblesses statistiques du système en découle de façon statistique.

Cette action préliminaire doit aboutir à l'établissement d'un contrat collectif concernant les objectifs du coaching d'organisation proprement dit. C'est de ce travail préparatoire qu'émergeront la finalité les processus innovants qui assureront la pérennité durable de l'entreprise. Au cours de ce travail, l'ensemble des personnes présentes apprend aussi un langage commun, apprend à méta-communiquer sur ses processus interpersonnels et collectifs.

- **Le véritable coaching d'organisation suit, un à quelques mois plus tard.**

Il comprend simultanément les trois niveaux hiérarchiques au complet, sinon plus, issus des départements opérationnels et de supports centraux ou fonctionnels. Au sein d'entreprises conséquentes il s'agit là d'un groupe comprenant les 90 participants du top, sachant que ces 90 managers en encadrent jusqu'à 900.

Concrètement cela s'organise dans une grande salle de bal, c'est à dire sans les habituelles salles de sous-commission qui renforcent le cloisonnement et les silos. La grande salle doit permettre un rassemblement de l'ensemble en session plénière en grand cercle au centre, et un travail en sous équipes d'une douzaine de personnes ou moins, en petits cercles dispersés tout autour, avec chacun son tableau conférencier. Au vu de la profondeur du travail à prévoir, il faut compter une durée de trois jours.

- **ATTENTION :** Cet investissement en temps et en hommes est un point d'achoppement qui révèlera rapidement la réalité ou superficialité de la volonté de vraiment entamer une transformation profonde qui engagerait tout l'avenir de l'entreprise.

Beaucoup de patrons et de comités de direction affirment vouloir profondément transformer, leur organisation. Ils en mesure l'importance stratégique et même l'urgence historique. Mais ils veulent tout changer de leur avenir fondamental sans prendre le le temps ou le risque de mobiliser tout son management pendant trois jours pleins. Ces dirigeants prétendent vouloir obtenir des résultats importants à condition de ne pas prendre de risques ni d'investir de temps collectif. Dans cette optique de non-engagement collectif, ils sont même prêts à payer beaucoup plus d'argent, et ils veulent surtout en faire une grande opération de communication. C'est le "green-washing" de transformation de culture de management avant l'heure.

Lorsqu'ils ont lieu, l'essentiel du travail de coaching d'organisations s'effectue au sein d'équipes plates ou sans hiérarchie, dans un contexte de délégation. Le comité de direction travaille sans le patron, donc chaque département ou division sans son directeur exécutif. Il faut savoir que presque par magie, cette absence de chefs permet une véritable libération des contraintes politiques, rituelles et culturelles qui parasitent presque toutes les réunions d'entreprises. Cette expérimentation de processus innovants permet de mesurer les contraintes structurelles auxquelles tout le monde s'est habitué depuis bien trop longtemps.

Afin de rapidement composer toutes ces équipes de travail, un temps d'organisation en session plénière permet de clarifier les appartenances de chacun au sein de leurs équipes, entre collaborateurs paritaires.

- **Au niveau du processus de travail,** une alternance de sessions en équipe de +/-1 heure puis d'exploitations du travail en sessions plénières permettra d'échanger sur l'évolution collective des équipes comme de l'ensemble et des modes opératoires culturels, de communication, d'analyse et de prise de décisions collectives, de conduite de réunions efficaces, etc.
- **Au niveau du contenu du travail,** chacune des équipes opérationnelles oeuvre à élaborer des propositions de décisions réelles, concrètes, écrites, avec mesures et délais, accompagnées de plans d'actions détaillés, qui permettront d'améliorer leurs résultats chiffrés, dans leur domaine de responsabilité.

L'objectif de cette alternance réitérative sur trois jours est de permettre l'émergence d'un alignement collectif et un apprentissage comportemental pratique et mesurable au sein de chacune des équipes.

- La conclusion des trois jours est centrée sur la consolidation et le suivi des décisions opérationnelles et qui concernent les modes opératoires sur lesquelles toutes les équipes s'engagent pour l'année en cours.
- Les trois jours de coaching d'organisation se clôturent sur les moyens de diffuser, par capillarité, de façon systémique donc virale, tous les nouveaux enjeux opérationnels et modes opératoires à l'échelon subalterne suivant, touchant jusqu'à 900 personnes. Cela représente une masse très conséquente dans tout système.

Notez que la mise en oeuvre rapide de cette transformation ne prend que deux à vingt participants plus trois jours à 90.

Il est à noter que si ce processus de coaching d'organisation a pour but de changer tous les processus interactifs au sein d'une l'entreprise, ces changements de comportements collectifs impliquent que tous ses membres changeront aussi leurs comportements interpersonnels, leurs attitudes personnelles, leurs habitudes interactives, etc. Ces modifications affecteront, par capillarité, toutes leurs relations personnelles, familiales, amicales, etc. par ailleurs. Au niveau de la société toute entière, la population se prépare depuis des années. Peu à peu, c'est la transformation profonde du cadre de référence de toutes organisations s'impose. Leur survie en dépend.

Par ailleurs, lorsqu'un tel processus de coaching d'organisations est bien mis en oeuvre, l'énergie décuple, les initiative innovantes foisonnent partout, avec un meilleur partage d'informations opérationnelles pertinentes, les résultats sont bien mieux suivis par tous, motivent et partent presque naturellement, irrésistiblement à la hausse. Lorsque la transformation des processus culturels est ancrée dans la réalité quotidienne opérationnelle, elle permet d'accomplir des résultats mesurables inattendus et assurent la pérennité financière et durable de l'entreprise. Tous les indicateurs sociaux et d'efficacité tangibles sonnants et trébuchants, de concert, partent à la hausse.

C'est ainsi que l'on redécouvre que le bien-être et les intérêts de l'ensemble des salariés, ceux du management, ceux des clients, et ceux des actionnaires ne sont pas en opposition.

ANNEXE II

L'APPROCHE SYSTEME

Cet ouvrage sur le coaching individuel, d'équipe et d'organisations propose de situer le coaching au sein d'un cadre de référence résolument systémique, tout en abordant le sujet par le récit de cas pratiques. Plus spécifiquement, il s'agit ici de situer la relation d'accompagnement entre un coach et son client au sein de leur contexte, en restant le plus inclusif possible. Ce contexte comprend l'ensemble des interfaces personnelles et professionnelles à la fois du client et du coach. Il s'agit ici de sortir de la simplification excessive qui voudrait que la relation binaire entre un coach et son client soit tellement privilégiée qu'elle permet de faire abstraction de l'ensemble social, politique, personnel et professionnel des deux acteurs en présence.

Par conséquent, l'approche système propose de réintégrer le contexte partagé par le coach et le client. Être systémique, c'est considérer que toutes nos relations, tous nos comportements, tous nos résultats ne sont pas seulement le fruit de nos aspirations strictement personnelles mais sont intimement liés à l'ensemble des interfaces qui nous entourent.

- **NOTE** : Il ne s'agit pas de proposer ici deux alternatives : soit que l'individu n'a plus de volonté propre soit qu'il n'est que le fruit de son environnement. Il s'agit plutôt de considérer que pour exister, voire réussir de façon réellement stratégique, il est utile pour chaque personne, équipe et organisation de tenir compte de toutes les interfaces opérationnelles avec tous les acteurs pertinents au sein de son environnement.

Par conséquent pour un coach systémique, il est important d'être au clair sur la qualité de ses motivations personnelles dans la façon dont il ou elle entend agir au sein de l'environnement du client, comme du sien. Cet environnement au sens large exerce une influence extrêmement conséquente sur l'existence, les comportements et sur les résultats du client. Si de façon incontournable, le client est personnellement responsable de ses choix, des actions qui en découlent, et de ses résultats, ceux-ci s'inscrivent au sein d'un faisceau ou un réseau d'interfaces qui exercent toutes une influence non négligeable sur sa personne.

- **NOTE** : Il s'agit ici de sortir de la proposition dichotomique qui proposerait que l'homme est, soit totalement le fruit de sa propre individualité, soit uniquement le résultat de son environnement.

De fait pour l'approche système, l'individu et son environnement sont plutôt tous les deux les résultats de leurs interfaces, sur lesquelles ils peuvent tous les deux exercer une influence conséquente.

- **NOTE** : Au niveau quantique, il est même stipulé que l'homme est co-créateur de l'univers qui est à la fois le contenant de toute la création et contenu en chacun. Le Tout est ainsi *dans* tout.

De façon plus quotidienne et pratique, ce point de vue stipule que chaque entité telle une personne, une équipe ou une organisation, peut être considérée comme fondamentalement responsable de la quantité et qualité des interfaces avec tous les éléments de l'environnement qui l'entoure. De ce fait, chacune peuvent avoir une influence relativement conséquente sur les autres, et de façon virale sur l'ensemble.

La prise en compte des paradoxes

Depuis toujours, nos entreprises et organisations sont en prise avec une variété de problèmes relativement tenaces. Bien entendu, il ne s'agit ni de problèmes techniques ni opérationnels. Pour ceux-ci, de bons experts savent lancer des études, cerner des causes, aligner des moyens, imaginer des options, mettre en œuvre des plans d'action, aboutir à des solutions jusqu'à en mesurer les résultats. Dans presque toutes les dimensions techniques, les opérationnels sont généralement capables voire très compétents. D'ailleurs, si nous mesurons les résultats de cette expertise technique développée sur quelques millénaires, nous pouvons nous féliciter de que nous appelons le progrès de l'humanité.

Dans la dimension humaine cependant, nous ne pouvons pas en dire autant, loin de là ! Dans la grande majorité de nos institutions sociales, gouvernementales et industrielles, nous subissons encore et toujours d'innombrables problèmes de management. Ceux-ci ne sont pas techniques mais concernent plutôt l'agencement des processus interactifs ou des interfaces opérationnelles, la gestion des relations humaines, le développement du potentiel des personnes et des équipes. Dans ce domaine dit plus « soft », nous en sommes encore presque au moyen âge. Nous ne trouvons que rarement des solutions sûres et durables.

Tôt ou tard, même nos petites entreprises dynamiques et innovantes se transforment en systèmes administratifs bien plus lourds, bien moins vivants, lorsqu'ils ne deviennent pas franchement démotivants. Lorsqu'elles grandissent, nombreuses sont les organisations qui ont tendance à devenir trop administratives, des institutions trop conservatrices, des systèmes trop technocratiques et centralisateurs. Conséquence : presque toutes les organisations perdent en légèreté, en réactivité, et surtout en humanité. Les quelques rares exceptions trop rapidement érigées en champions exemplaires deviennent bien plus discrètes lorsque presque immanquablement, elles se retrouvent face aux mêmes difficultés que leurs consœurs.

Par conséquent, les seuls vrais problèmes de management qui préoccupent toutes les organisations et institutions concernent la gestion des processus plus « soft » souvent catalogués dans la dimension humaine. Dans le détail, il s'agit toujours des mêmes thèmes, même s'ils sont abordés sous des angles apparemment différents. Dans le désordre, il s'agit généralement de la prise de responsabilités, de la prise de décisions, du travail en équipe, de l'esprit d'initiative, de la créativité, de la gestion de la qualité, de la gestion du stress, de la motivation du personnel, du management de transition, de la réactivité, de la gestion du temps, de la délégation, de l'éthique, de l'autonomie, de la gestion du risque, de l'engagement du personnel, de la collaboration efficace, de la résistance au changement, de l'innovation, etc.

- **NOTE** : Au sein de toutes nos organisations même les plus modernes, l'évocation de cette longue liste est presque devenue une litanie. Les mots changent ou s'anglicisent : il s'agit d'empowerment, d'ownership, etc. Mais c'est du même tabac. En apparence, la liste peut suggérer que ces problèmes sont nombreux et différents, et il sont souvent traités comme tels. Au regard d'un coach systémique, il s'agit en fait d'un même problème de fond, à multiples facettes.

Les Moyens

En France, depuis les lois des années 1970 concernant les obligations de formation professionnelle, il est devenu possible de mesurer une quantité impressionnante de moyens formels déployés pour tenter de résoudre ces problèmes ou symptômes de management dans la dimension humaine. Au-delà de la simple formation initiale et continue, les multiples métiers du conseil, du développement personnel, et aujourd'hui du coaching tentent tous d'offrir des solutions. Sur plus de quarante ans, ce déploiement de moyens considérables n'a toutefois pas abouti à des résultats convaincants. Le constat est clair : nos organisations ne savent toujours pas résoudre de façon mesurable et durable leurs problèmes ou enjeux de management lorsque ceux-ci se situent dans la dimension des processus interactifs humains.

- Et ce n'est pas tout. D'innombrables autres moyens internes, généralement déployés par les départements des ressources humaines, ont aussi comme mission centrale de tenter de trouver des axes résolutoires pour traiter la même gamme de problèmes de management:

Ces spécialistes mettent en œuvre des stratégies de recrutement et d'induction, des primes personnelles indexés sur les résultats, des avantages sociaux indexés sur le coût de la vie, des systèmes de reconnaissance individuels ou collectifs, des règlements intérieurs, des programmes de promotion internes, des entretiens annuels, des réorganisations par équipes projets ou en structures matricielles, des programmes de gestions de carrières, des opérations portes ouvertes et autres tables rondes, des systèmes réguliers de mesure d'indicateurs sociaux, des « packages » personnels et autres avantages indirects, etc. Dans ce domaine, la dépense financière et d'énergie est colossale. Les résultats durables sont toujours plutôt décevants.

De toute évidence, ce ne sont pas ces programmes, les discours prometteurs ni les théories éclairées qui manquent. Chaque saison apporte son lot de nouveautés, de modes, de mesures et d'espoirs qu'enfin, nous aurons trouvé le moyen de rendre nos organisations à la fois plus humaines et efficaces. A en entendre les grandes messes tenues, soit par des gourous soit par des dirigeants, à lire les études psychosociologiques avancées par des chercheurs émérites, chaque année nous apporte des promesses qu'enfin, nous tenons le bon bout.

Les chiffres disent toutefois toujours le contraire. A mesurer la variété et la quantité de moyens déployés aujourd'hui comme chaque année depuis plus de cinquante ans, il devient évident que pas grand-chose n'ait fondamentalement changé. Pire, depuis l'avènement de crises financières et économiques successives, la priorité est à l'urgence des résultats financiers immédiats. L'humain est passé au second plan. De plus en plus, le marché du travail privilégie l'employeur sinon l'actionnaire au détriment du salarié qui trop souvent démissionne, dès que l'opportunité se présente.

En conséquence, le peuple subit et grogne toujours, sinon plus. La motivation n'est pas meilleure, voire elle baisse. L'engagement véritable plafonne lorsqu'il ne fait défaut. Soyons-en sûr, si le marché du travail le permettait, le turnover du personnel de beaucoup d'entreprises exploserait. D'année en année, le capital confiance des entreprises s'érode, le blues des salariés et d'une grande majorité de leurs managers s'est durablement installé. L'organisation publique ou privée est perçue comme fondamentalement inhumaine. En France pour prendre un exemple national, le phénomène des gilets jaunes n'est qu'une expression plus large de ce qui est vécu au sein de chaque entreprise, fractale plus réduite du pays tout entier.

Alors un constat s'impose : malgré tous les efforts déployés pour tenter d'améliorer leur gestion de la dimension humaine, les entreprises font du sur-place. Certes nous nous agitons, mais concrètement, nous ne sommes pas plus avancés. Dans ce domaine il nous manque toujours des solutions sûres, pratiques et dont les effets seront mesurables, prévisibles, reproductibles et durables.

Plus récemment en France et ailleurs, nous pouvons même considérer que rien ne va plus. A la mesure des indignés, pudiquement appelés des risques psycho-sociaux, face à la généralisation des débordements éthiques, avec chaque nouvel exemple de harcèlement moral et considérant l'affairisme opportuniste des politiques et dirigeants et l'individualisme patent des gouvernants, le temps est même à l'orage politique.

Certes la crise économique qui traîne en longueur n'arrange pas les choses, mais elle a quand même le mérite de révéler l'étendue du problème : pas beaucoup plus qu'au moyen âge, nos organisations politiques, gouvernementales et économiques actuelles ne sont aptes à durablement résoudre la quadrature du cercle de leur management de l'humain.

Problèmes ou symptômes ?

Alors comment faire pour mieux poser le problème du management de la force vive de nos entreprises, de nos organisations et institutions : la puissance représentée par l'expression pleine du potentiel humain de son personnel, de ses managers et de ses dirigeants ?

- **NOTE** : Dans tous les domaines techniques, nous savons pertinemment que si nous n'arrivons pas à résoudre un problème, c'est qu'il est mal posé.

Alors face à la ténacité du problème du management humain, il devient manifeste qu'il est nécessaire de réfléchir autrement. La question est : comment radicalement changer de perspective ? De toute évidence, si nous n'arrivons pas à les résoudre, c'est que tels qu'ils sont posés les problèmes de management de l'humain nous mènent à une impasse. Un regard plus systémique peut offrir quelques éléments de réflexion :

- **NOTE** : Les phénomènes que nous appelons des problèmes de management ne sont que des indicateurs ou des symptômes d'autre chose de bien plus profond, de bien plus général.

Une première étape résolutoire consiste à faire la différence entre ce qui peut paraître comme un problème et ce qui peut en être qu'un indicateur. Pour prendre une analogie médicale, une fièvre peut être traitée comme un problème : il suffit alors de la faire baisser à coup d'aspirines et de bains froids. Mais une fièvre est plus souvent un indicateur d'une affection plus générale qui elle est le véritable problème.

- **NOTE** : Dans un tel cas, une fièvre ne doit pas être perçue comme un problème à résoudre mais comme un symptôme ou indicateur salutaire, qui nous permet de prendre conscience d'une maladie autrement imperceptible ou indéfinissable.

Dans un tel cas aussi, il est évident que de faire baisser la fièvre ne soigne pas la maladie. En fait, cela ne servirait qu'à éviter de prendre la maladie au sérieux, à éviter d'y faire face ou encore à temporiser. Il devient alors évident qu'il n'est pas possible, et souvent contre-productif de tenter de résoudre un simple indicateur ou symptôme comme s'il s'agissait d'un problème.

- **EXEMPLE** : La difficulté à bien gérer son temps professionnel est souvent évoquée comme un problème important. Quelquefois, ce problème est mentionné en évoquant les retards répétés d'une personne ou les reports systématiques d'un projet collectif.

Dans ces deux cas, une difficulté à tenir des délais peut à la fois être un indicateur d'une tendance personnelle à tout vouloir contrôler et un symptôme d'un contexte collectif de non délégation. Ces constats coïncident. Dans ce type de situation, il ne suffit pas d'acheter des agendas ou de dispenser des formations afin d'apprendre à mieux contrôler le temps. D'ailleurs ce type de solution superficielle ne ferait *qu'accentuer* une culture de contrôle au sein d'un contexte général qui évite toute délégation.

EXEMPLES :

- Certains salariés évoquent le manque de reconnaissance de la part de leurs managers. Cela est posé comme un problème, mais peut être un indicateur : de manque de confiance personnelle, de manque de compétences et d'une culture d'entreprise particulière.
- Par ailleurs au niveau d'une entreprise, ce qui est souvent présenté comme un problème de gestion du risque peut n'être qu'un indicateur de conservatisme procédurier, de résistance au changement. Etc.

A y regarder autrement ou d'une façon plus systémique, il est même possible que tous les thèmes de management érigés en problèmes indépendants sont aussi et surtout des indicateurs d'un ensemble culturel bien plus large et totalement cohérent. Si c'est le cas, il ne s'agirait surtout pas d'une série de problèmes de management qui pourraient être résolus un à un.

- **NOTE** : Les symptômes qui nous préoccupent révèlent ou indiquent plutôt d'un contexte culturel collectif que tous les membres de l'organisation et de son environnement portent et renforcent, salariés et fournisseurs compris.

Cette perspective plus large peut nous permettre de diriger notre regard vers une autre réalité, bien plus systémique.

Malheureusement aujourd'hui, chacun des indicateurs d'un ensemble culturel plus large est abordé de façon segmentée, comme s'il était un problème circonscrit, totalement indépendant des autres symptômes, et du reste de l'environnement social et collectif. A chacun de ces problèmes pris de façon individuelle, nous cherchons des solutions indépendantes, que nous tentons d'appliquer dans des domaines restreints.

- **NOTE** : Comme les symptômes n'arrivent jamais seuls, tous les indicateurs se soutiennent les uns des autres. Ils signalent tous l'existence d'un problème culturel bien plus complexe, dont la cohérence ne fait que nous échapper.

Conclusion : à force de nous concentrer sur chacun des arbres, nous restons perdus au beau milieu de la forêt.

Les cas présentés lors des chapitres précédents le suggèrent : le propos systémique de cet ouvrage est de poser un autre regard sur notre liste de problèmes de management et de les traiter comme des indicateurs d'une réalité collective plus fondamentale, qui appelle des solutions radicalement innovantes. Mais avant d'avancer, il est aussi utile d'envisager la différence entre ce qui peut être un problème, comme le serait une panne ou une maladie, et ce qui peut être un paradoxe.

Problèmes et paradoxes

Il faut savoir qu'il existe une grande différence entre un problème et un paradoxe. En effet, lorsqu'un paradoxe est abordé comme un problème, toutes les solutions que nous pourrions lui apposer ne servent à rien. Au pire, tenter d'aborder un paradoxe comme un vulgaire problème ne peut qu'ajouter à la confusion.

- **NOTE** : A supposer qu'une personne améliore sa gestion du temps et sa délégation au sein d'un système qui lui ne change pas, cette personne se mettrait en porte à faux. Soit elle finirait par vivre une énorme pression de la part de son environnement, soit elle réussirait à s'en faire éjecter.

C'est bien le risque de beaucoup de managers et d'employés. Il vaut souvent mieux plier et s'adapter au contexte que d'œuvrer à le changer, même localement. Face à une limite culturelle, il ne s'agit surtout pas pour un individu d'appliquer des solutions pratiques ! Ces solutions individuelles ne lui permettraient que de se mettre en porte à faux par rapport à l'environnement collectif.

- **Question** : Combien d'accompagnements de coaching individuels réussis aboutissent-ils à la démission du client désigné ?

En effet, si une personne évolue au cours d'un accompagnement tel un coaching, si elle devient plus claire sur ce qu'elle souhaite entreprendre ou devenir, elle partira chercher un environnement qui le lui permettra. Sauf bien entendu, si le système environnement évolue aussi au point d'entendre et d'accepter son développement. Bien trop souvent, lorsqu'un client en coaching individuel trouve la solution à son malaise, son contexte professionnel ne s'adapte pas, donc n'en profite pas.

Par conséquent, un problème technique peut être perçu comme relativement simple à résoudre lorsque comparé à la complexité d'un paradoxe culturel. Si les problèmes techniques bien posés peuvent souvent être résolus, il faut savoir que les paradoxes collectifs ne peuvent être réellement résolus que s'ils sont abordés de façon systémique.

- **NOTE** : La résolution d'un problème est implicite à la façon dont nous le posons dans un contexte donné. La dissolution d'un paradoxe nécessite de savoir modifier les principes sous jacents et les modes opératoires collectifs du contexte environnant ou de la culture collective.

De fait, si nous traitons un paradoxe comme un simple problème technique reposant sur une logique linéaire, de cause à effet, nous nous empêchons de l'aborder dans sa complexité intrinsèque. Nous ne trouverons jamais comment le dissoudre. .

Le Paradoxe de la Délégation

Un des thèmes récurrents dans les cas présentés ci-dessus est celui qui concerne la délégation. Le thème de la délégation est souvent évoqué en entreprise, mais sa dimension foncièrement paradoxale est très rarement réellement connue ni prise en compte. Pour beaucoup de managers, par exemple, déléguer consiste à pouvoir dire à un employé ce qu'il doit faire en s'attendant à ce qu'il le fasse. Paradoxalement, un manager directif, dit aussi à ses employés ce qu'ils doivent faire en s'attendant à ce qu'ils le fassent. Sur le fond, il n'y aurait pas de différence ?

En creusant un peu plus, la délégation est parfois perçue comme un type d'encadrement bien plus large et permissif que les autres, quelquefois dangereusement proche du laisser-faire. La délégation disent certains managers, doit reposer sur la confiance, et nécessite des instruments d'information, de suivi et de contrôle. La délégation ne peut avoir lieu que dans des contextes relativement mûrs. Les nombreuses précautions ajoutées à la définition de ce style de management ajoutent de la complexité.

A en entendre certains, la subtilité entre la directivité et la délégation consiste à différencier le contenu de ce qui est délégué. Selon cette optique, la directivité concernerait plus un management des comportements des personnes et de l'allocation des moyens, alors qu'un management de délégation chercherait surtout à bien encadrer les résultats, laissant ainsi aux employés une large autonomie sur les moyens pour les atteindre. Dans ce cas, la directivité serait bien mal nommée, vu que son étymologie fait référence au principe de direction ou de finalité plutôt qu'aux moyens d'atteindre cette dernière.

Pour d'autres encore, la délégation ne peut avoir lieu que s'il y a réelle consultation de toutes les personnes concernées pour définir collectivement à la fois la direction et les moyens. Cela semble amalgamer la notion de délégation d'un autre style de management bien souvent érigé en exemple et appelé management participatif. Or il semble possible pour un manager de consulter tous ses employés dans une large concertation pour ensuite manager la mise en œuvre de façon directive, ou alors en délégation.

- **NOTE** : Il s'avère que si la délégation (voire la participation) est souvent évoquée comme mode opératoire privilégié, la définition précise par ceux qui en parlent peut prêter à confusion.

A l'observation sur le terrain, la délégation trouve naturellement sa place au sein d'organisations où les employés se comportent avec une certaine liberté, tout en respectant un cadre plus ou moins défini. Nous pouvons considérer que l'acte de déléguer est autant apparenté au mot Latin legare d'où légation, loi, legs, etc. qu'au mot ligature qui donne ligament, lien, ligue, etc. Considérez l'obligation de respecter de nombreuses lois collectives, afin d'assurer la liberté de chacun. La loi impose ainsi un cadre qui peut quelquefois sembler rigide, au sein duquel il est annoncé que les hommes peuvent être libres. Par conséquent, les principes sous-jacents de cette double étymologie peuvent paraître paradoxaux. De même, un legs ou un héritage est une forme de don du passé, mais il engage souvent l'avenir de celui qui l'accepte. Si un don ou cadeau engage celui qui le reçoit, en quoi est-ce un don ? Une première réflexion étymologique ne rend pas plus facile la définition de ce qu'est la délégation.

Il est habituellement compris que déléguer consiste à s'entourer de personnes capables de faire au mieux sans leur imposer trop de limites ni de surveillance.

- **NOTE** : Avec une direction ou finalité précise et définie par avance, et une fois déliés ou libérés de contraintes excessives, les « légataires » peuvent prendre toutes les initiatives adaptées et intelligentes en assumant des responsabilités appropriées.

Dans la mesure du possible, d'ailleurs, ces personnes pourraient même innover ou être suffisamment proactives afin de se donner ou ré allouer des moyens efficaces pour atteindre l'objectif prédéfini.

- **NOTE** : La contrepartie indispensable de la liberté de mise en œuvre comprise dans la délégation est l'obligation absolue d'informer de façon régulière le management, voire l'environnement plus large, de la progression vers les résultats comme de toutes les difficultés qu'ils rencontrent.

Par conséquent, libérés ou déliés, les individus délégués jouissent de suffisamment d'autonomie pour spontanément analyser leurs besoins, prendre des décisions, agir et réagir, et continuellement informer leurs cadres, dirigeants et environnement général quant à leur progression vers les objectifs préalablement désignés.

- **Note** : Dans cette définition ou description de la délégation, les dirigeants ne sont mentionnés ni comme acteurs ni comme responsables.

C'est plutôt le cadre ou le contexte qui permet la délégation, ou pas. Ici, c'est plutôt le subordonné qui agit en prenant sa délégation ou pas. Une approche systémique définit la délégation par le contexte et par le bas, décrivant surtout le type d'environnement qui permet ou facilite l'action prise ou assumée par des personnes libérées.

- **NOTE** : Il est nécessaire en effet de considérer que la délégation n'est pas définie par les dirigeants, ni par ce qu'ils font, ni nécessairement à partir d'une dynamique qu'ils initient.

Le premier paradoxe du coaching de managers est d'ailleurs très activement lié à ce cadre de référence quelque peu contraignant : pour beaucoup, c'est d'abord aux dirigeants de déléguer. Cela paraît être du bon sens commun. C'est d'abord aux dirigeants de veiller à ce que la délégation se produise. Puisque ce sont eux qui managent, ce sont eux qui doivent être tenus pour responsable de mettre en œuvre ce type de management.

- **NOTE** : Mais si les dirigeants sont tenus responsables de la délégation, comment cela peut-il concerner de la délégation ? Au sein d'un contexte que l'on définit comme centralisé, comment en effet déléguer, du haut vers le bas, le problème même de la délégation ?

La proposition inverse, bien moins paradoxale, peut tout aussi bien se faire valoir. Les dirigeants ne peuvent pas avoir la responsabilité ou prendre la responsabilité de déléguer des responsabilités. C'est plutôt à l'ensemble des cadres et des employés subalternes de saisir des responsabilités, prendre des initiatives, mettre en œuvre des options innovantes afin de libérer leur leader du poids qu'il porte seul.

- **NOTE** : Il s'agit pour chacun des employés de provoquer un maximum de délégation en la prenant ! Par conséquent, paradoxalement, la délégation ne se donne pas mais se prend !

Le paradoxe des managers qui se sentent responsables de la délégation révèle un autre paradoxe totalement complémentaire. Comme dans le cas de beaucoup d'organisations, lorsque des employés revendiquent l'inlassablement plus de délégation de la part de leurs patrons, ils rendent par leur revendications ces patrons responsables de leur propre manque d'initiative.

- **NOTE** : Lorsque des employés demandent plus de délégation de la part de leurs dirigeants, ils délèguent par là même à leurs dirigeants la responsabilité de leur propre comportement attentiste voire passif.

« Compte-tenu de notre responsable qui contrôle tout, nous ne pouvons pas prendre d'initiatives. » Cela peut être perçu comme une bonne stratégie de subalternes déléguant leurs responsabilités vers le haut. Un paradoxe bien subtil et bien pratique !

La délégation est parent de la liberté, de l'indépendance et de l'autonomie. Si l'on ne veut pas assumer sa liberté en la prenant, parfois même en se battant pour l'obtenir, il est utile de la demander à quelqu'un d'autre, et ainsi la leur donner. Cela permet de ne pas en être responsable, de gagner du temps et d'assurer son propre confort.

- **NOTE** : Paradoxalement, la meilleure façon pour des employés de déléguer vers le haut et à leurs dirigeants, c'est de demander à ces derniers de mieux déléguer vers le bas.

C'est en demandant voire en plaidant que d'autres leur donnent leur indépendance, de l'autonomie et de la délégation que des populations entières renoncent à leur capacité d'initiative. De cette façon de employés et dirigeants se retrouvent paralysés au sein d'un contexte paradoxal relativement figé.

Le paradoxe de la délégation est particulièrement fort dans des cultures et environnements dont l'histoire est marquée par un contexte hiérarchique, de Colbertisme ou centralisé. Lorsque de nombreux systèmes de contrôle renforcent un modèle où tout doit remonter au siège et à la direction, il est difficile de parler du type d'initiative sur laquelle repose la délégation. Ces contextes historiques et culturels finissent par renforcer une nette préférence pour un style plus contrôlant, parental, paternaliste ou maternant, dirigiste, voire autocratique.

- **NOTE** : Le paradigme dominant des entreprises internationales est clairement porteur du paradoxe de la délégation. Il stipule que les dirigeants sont responsables de la quasi-totalité de toute la réussite et les échecs de l'ensemble, et de tous les aspects de la vie professionnelle voire personnelle de chacun.

Bien entendu, cette centralisation inclut la responsabilité de changer cet état de choses. Paradoxalement, c'est comme si toute une population attendait passivement, voire dans un confort relatif, qu'un dictateur soit responsable de mettre en œuvre une révolution libérant toute la population, tout seul.

Constatez que dans des systèmes centralisés, la base ou la population d'employés est relativement confortable. Si le patron est responsable de tout, personne n'a à soucier de plus que faire ce qu'on lui dit. Vivre une liberté demande bien plus de responsabilité individuelle que lorsque le chef ou le propriétaire porte l'avenir de tous. Et paradoxalement, les dirigeants d'un de ces ensembles relativement autocratiques ne peuvent rien changer tout seuls.

- **NOTE** : Un autocrate qui a tout les pouvoirs ne peut tout seul changer cet état de toute puissance. Son peuple a besoin d'un pouvoir central fort et cela le rend impuissant à changer le statu quo.

Tous attendent de lui qu'il arrive à initier une transformation culturelle majeure, et ceci en dépit de leur attentisme. Le dirigeant seul ne sera jamais capable de renverser la passivité de milliers de personnes qui vivent dans le confort de leur délégation vers le haut.

- **NOTE** : En entreprise, ce type de système reste souvent bloqué dans sa polarité verticale, alors que paradoxalement, la direction comme les employés semblent en espérer un changement.

Afin de sortir de ce paradoxe, une approche systémique consiste simplement à proposer des actions qui reposent sur un cadre de référence bien plus inclusif. Cela sert à remplacer le point de vue paradoxal qui repose sur une polarité soit/soit. La nouvelle question devient alors comment accompagner le tout, c'est à dire les dirigeants avec les cadres et avec le personnel, dans leur but de transformer leur paradigme partagé ?

- **NOTE** : La délégation ne consiste pas seulement à donner à autrui une plus grande liberté. La délégation consiste à libérer tout le monde du paradoxe de la délégation : employés, cadres et dirigeants.

La réelle délégation permet de créer plus d'espace pour tout le monde, du haut en bas des organisations, y compris pour les dirigeants. Ceux-ci pourront enfin arrêter de se laisser piéger dans des situations de micro-management et devenir beaucoup plus stratégiques.

- **NOTE** : Lorsque tous les cadres supérieurs d'un même système décident de mettre en place, simultanément et collectivement, de nouveaux modes opératoires leur permettant de prendre des décisions pertinentes, d'assumer plus de responsabilités, de se donner les moyens d'agir de manière efficace et appropriée, ils modélisent de nouveaux comportements. Ceux-ci sont rapidement adoptés par le reste de leur organisation.

Chacun commence à spontanément analyser des besoins, prendre des décisions, mettre en œuvre des actions, etc. tout en informant leur environnement professionnel de leur progression vers leurs objectifs désignés.

BIBLIOGRAPHIE

ANALYSE TRANSACTIONNELLE

BERNE, Éric
Que dites-vous après avoir dit bonjour ? Paris, Tchou, 1977, 374 p.
Des jeux et des hommes, Paris, Seuil, 1966, 212 p

BECQUEREAU, Christian
Process Com pour les managers, Paris, Eyrolles, 2008

CARDON, Alain
L'Analyse transactionnelle (avec V. LENHARDT et P. NICOLAS), Paris, Ed. d'Organisation, 1979
Jeux pédagogiques et analyse transactionnelle, Paris, Ed. d'Organisation, 1981
Vocabulaire d'analyse transactionnelle (avec L. MERMET), Paris, Ed. d'Organisation, 1982
Jeux de manipulation, Paris, Ed d'Organisations, 1995

English, Fanita
"S'épanouir tout au long de sa vie" - InterEditions, 2010

JAMES, Muriel
Naître gagnant, Inter-éditions, 1978

COACHING

MEYER, Daniel
Le Coaching du team avec Solution Circle, Editions à la Carte SA, 2006

MALAREWICZ, J-A.
Réussir un Coaching, Village Mondial, 2003

STACKE, Edouard
Coaching d'entreprises, Village Mondial, 2000

WHITMORE, John

Le guide du coaching, Paris, Maxima, 2002

CULTURES

ARDREY, Robert
The territorial imperative, Delta Books, 1966

CARDON, Alain
Profils d'équipes et cultures d'entreprises, Paris, Ed. d'Organisation, 1992

HALL, Edward T.
La différence cachée, Stern, 1984
Le langage silencieux, Seuil, 1984
La dimension cachée, Seuil, 1971
La danse de la vie, Seuil, 1984
Au delà de la culture, Seuil, 1979
Guide du comportement dans les affaires internationales, Seuil, 1990

BAUDRY, Pascal
L'autre rive : Comprendre les Américains pour comprendre les Français, (Cyberlivre en accès libre sur le site www.pbaudry.com, 2000-2002,) Village Mondial, février 2003.

GOFFMAN, Irving
Asylums, Anchorbook, 1951
The presentation of self in everyday life, Anchorbook, 1961
Strategic interaction, Ballantine Books, 1975

MORRIS, Desmond
La clef des gestes, Grasset, 1978

MANAGEMENT

CARDON, ALAIN
Le manager et son équipe, Paris, Ed. d'Organisation, 1986
Décider en équipe, Paris, Ed d'Organisation, 1992

BENNAYOUN, Raphaël
Entreprises en éveil, E.M.E., 1979

GODARD, Alain et LENHARDT, Vincent
Engagements, Espoirs, Rêves, Village mondial, 1999

HERSEY-BLANCHARD

Management of organizational behaviour, Prentice-Hall, 1982

KAHLER, Taibi
Manager en personne, Inter-éditions

LANDIER, Hubert
L'entreprise poly-cellulaire, E.M.E., 1989

LENHARDT, Vincent
Les responsables porteurs de sens, Insep Editions, 1992
Engagements, Espoirs, rêves (avec GODDARD), Village Mondial, 1999

MORRIS, Langdon
Managing the evolving organization, NY, Van Nostrand Reinhold, 1995

PETERS et WATERMAN
Le prix de l'excellence, Paris, Inter-éditions, 1983

SENGE, Peter
The fifth discipline, Doubleday, 1990

SETTON, Alain
Bible et Management, Desclée de Brouwer, 2003

WALTER, Michel
Votre personnalité de manager, Ed. d'Organisation, 1988

PSYCHOLOGIE

BROWN, Norman O.
Love's Body, Vintagebook, 1976

DODSON, Fitzhugh
Tout se joue avant 6 ans, Marabout
Le père et son enfant, Marabout, 1974

GRODDECK
Le livre du ça, Gallimard, 1973

GROFF, Stanislas
Psychologie transpersonnelle, Rocher, 1984

BACHELARD Gaston
La psychanalyse du feu, P.U.F.

La poétique de l'espace, P.U.F., 1978

ERICKSON, Milton H.
Ma voix t'accompagnera, Paris, Hommes et Groupes, 1986

NOUVELLES CLES
Le livre de l'essentiel, Albin Michel, 1995

SINGER, Christiane
Les âges de la vie, Albin Michel1984
Histoire d'âme, Albin Michel, 1989
Où cours-tu ? Ne sais tu pas que le ciel est en toi ? Albin Michel, 2001
Une Passion, Albin Michel, 1992

SOCIOLOGIE:

ALINSKY, Saül
Manuel de l'animateur social, Seuil, Paris

ANZIEU-MARTIN
La dynamique des groupes restreints, P.U.F., Paris, 1968

SYSTEMIQUE

BATESON, Gregory
Steps to an ecology of mind, Ballantine Books, 1972

BOULANGER-PERELMAN
Le réseau et l'infini, Nathan, 1990

CAPRA, Fritjof
Le temps du changement, Ed. du Rocher, 1983
Le Tao de la physique, Sand, 1985
La sagesse des sages, L'âge du Verseau, 1988

CARDON, Alain
Pour changer (avec J.M. Bailleux), Paris, Ed d'Organisations, 1998

COHEN, Jack and STEWART, Ian
The Collapse of Chaos, Viking Penguin, 1994

DURAND, Daniel
La Systémique, P.U.F., 1987

GIRARD, René
Le bouc émissaire, Grasset
Des choses cachées depuis la fondation du monde, Grasset, 1978
La violence et le sacré, Grasset, 1972

HESSE, Hermann
Le jeu des perles de verre, Almann-Levy, 1955

MALAREWICZ J.A.
Cours d'hypnose clinique, E.S.F., 1990
Quatorze leçons de thérapie stratégique, ESF, 1992
Comment la thérapie vient au thérapeute, ESF, 1996
Guide du voyageur perdu dans le dédale des relations humaines ESF, 1992
Le couple: quatorze définitions décourageantes, donc très utiles, Laffont, 1999
Systémique et Entreprise, Village Mondial, 2000

MARC-PICARD
L'école de Palo Alto, Ed. Organisation, 1984

MELESE, Jacques
Approches systémiques des organisations, Ed. d'Organisation, 1990

PRIROGINE, Ilia
La fin des certitudes, Ed Odile Jacob, Paris 1996

SALOFF-COSTE Michel
Management systémique de la complexité, ADITECH, 1990

SELVINI-PALAZZOLI
Le magicien sans magie, ESF, 1980
Paradoxe et contre paradoxe, ESF, 1979
Dans les coulisses de l'organisation, ESF, 1984
Les jeux psychotiques dans la famille, ESF, 1990

SHELDRAKE, Rupert
The presence of the past, morphic resonance and the habits of nature, Park Street Press, 1988

TALBOT, Michael
The holographic universe, Harper Collins, 1991

TOMAN, Walter

Constellations fraternelles et structures familiales, ESF, 1987

VOLK, Tyler
Metapatterns across space, time and mind, Columbia University Press, 1995

WATZLAWICK, Paul
Faites vous-même votre malheur, Seuil, 1984
Changements, paradoxes et psychothérapies, Seuil, 1981
Le langage du changement, Seuil, 1980
Une logique de la communication, Seuil, 1979

WHITE, William L.
Incest in the organizational family, The ecology of burnout in closed systems, Lighthouse Training Institute Publication, Bloomington Illinois, 1986

WOLF, Fred Alan
Taking the Quantum Leap, Harper and Row, 1981

ZOHAR, Danah and Marshall, Ian
The Quantum Society, William Morrow and co. NY, 1994

ZUKAV, Gary
The dancing wu li masters, Bantam Books, 1979

SYNCHRONICITE

JAWORSKI, Joseph
Synchronicity, the inner path of leadership, Berrett-Koehler publishers, 1998

JUNG, C.G.
Ma vie, Gallimard, 1966
L'homme et ses symboles, Laffont, 1964
Synchronicity, Princeton University Press, 1973

PEAT, David F.
Synchronicité, le pont entre l'esprit et la matière, Le Mail, 1998

PERROT, Étienne et WILHELM, Richard
Yi-king, Librairie Médias
Tao-te-king (Lao Tseu), Librairie Médias

PROGOFF, Ira
Jung, synchronicity and human destiny, Julian Press 1987

NARBY, Jeremy
Le serpent Cosmique, l'ADN et les origines du savoir, Ed GEORG, Genève, 1995

VARELA, F., THOMPSON, E., ROSCH, E.
L'Inscription Corporelle de l'Esprit, Sciences Cognitives et Expérience Humaine
Seuil, Paris, 1993

VON FRANZ, Maire Louise,
Nombre et temps, La fontaine de Pierre, 1983
La psychologie de la divination, Albin Michel, 1995
La synchonicité, l'âme et la science, Albin Michel 1995
Matière et psyché, Albin Michel,

Printed in France by Amazon
Brétigny-sur-Orge, FR